面向智能船舶的状态监测与远程技术支持系统

曾斌　张晶　丰少伟　著

哈爾濱工業大學出版社

内容简介

本书针对智能船舶集中化运维管理中的状态监测和远程技术支持需要，从数据来源、岸基支援中心和船舶之间的数据通道、岸基知识库等方面，详细描述了船舶设备状态监测系统、船舶技术状况综合评估系统和船舶远程故障报警系统，作为数据传输通道的船舶远程诊断系统和数据监控系统，岸基支援中心端的船舶远程保障知识管理系统、船舶设备技术数据搜索排序方法和船舶维修信息管理系统，以及船舶远程保障资源分配系统和船舶远程维修对等网等，并给出了部分论证应用示例。

本书可作为从事智能船舶软硬件研制、管理和使用的科技人员、管理人员的参考书。

图书在版编目（CIP）数据

面向智能船舶的状态监测与远程技术支持系统 / 曾斌，张晶，丰少伟著. — 哈尔滨 ：哈尔滨工业大学出版社，2023.10

ISBN 978-7-5767-1087-8

Ⅰ. ①面… Ⅱ. ①曾… ②张… ③丰… Ⅲ. ①智能技术-应用-船舶-检测 Ⅳ. ①U66-39

中国国家版本馆 CIP 数据核字（2023）第 211208 号

策划编辑　杨秀华
责任编辑　杨秀华
封面设计　杜　婕
出版发行　哈尔滨工业大学出版社
社　　址　哈尔滨市南岗区复华四道街 10 号　　邮政编码　150006
传　　真　0451-86414749
网　　址　http://hitpress.hit.edu.cn
印　　刷　哈尔滨圣铂印刷有限公司
开　　本　787mm×1092mm　1/16　印张　8.25　字数　150 千字
版　　次　2023 年 10 月第 1 版　2023 年 10 月第 1 次印刷
书　　号　ISBN 978-7-5767-1087-8
定　　价　68.00 元

前言
Preface

在全球贸易往来愈加密切的今天，水上运输量不断增加，船舶逐渐朝着智能化方向发展。随着技术的快速发展，国际海事组织对智能船舶发展提出了新的要求，要求它能够应用状态实时监测、智能诊断、物联网、云计算和大数据分析等技术，与岸上支援中心连接，维护船舶运行安全。

在远离陆地的海洋实施作业的工程船舶，船舶上随行人员解决问题能力受限，一旦出现故障将导致停工，影响正常作业流程，严重时可能威胁船舶设备及人员安全。在未来智能船舶的发展中，将会利用大数据技术进行状态监测和故障诊断，采用多尺度分析方法建立设备状态监测系统，对设备信息进行综合分析和处理，以判断监测对象是否正常运行，并分析设备故障原因，预测设备未来的发展趋势。通过状态监测与诊断技术，有助于规避设备故障问题，提升设备运行效率，为智能船舶运行安全提供保障。同时，如何保障船上的各类系统设备在出现现有状态监测和智能诊断无法解决的故障或问题时，能够及时得到专业工程师的技术支持，更是航海任务安全的要点。为此需要建立远程技术支援通道，岸基中心可远程访问船载终端系统，以便维护工程师/专家提供远程诊断、故障排查和例行健康检查等维护服务。由此实现技术资源的远程协同，满足智能船舶集中化运维管理、降低故障运维成本的实际需求。

本书详细描述了智能船舶关键技术中的状态监测与远程技术支持系统。第 1 章对系统的基本概念、原理和组成予以概述。第 2~4 章介绍了船舶端的设备状态监测系统、技术状况综合评估系统和故障报警系统，它们构成了全系统的数据来源。第 5~6 章介绍了船舶远程诊断系统和数据监控系统，它们构成了全系统中岸基支援中心和船舶之间的桥梁。第 7~9 章介绍了岸基支援中心端的船舶远程保障知识管理系统、船舶设备技术数据搜索排序方法和船舶维修信息管理系统，它们作为远程支援中心的知识库，为远程船舶提供技术保障。第 10~11 章介绍了船舶远程保障资源分配系统和船舶远程维修对等网，它们把船舶远程保障实体（维修厂家、生产制造厂、各个领域专家以及后台数据库等）进行集成，通过岸基支援中心为船舶提供技术服务。

本书是作者根据多年的教学科研体会，经过多次修改而成。全书分为11章，由曾斌，张晶，丰少伟著，参加撰写的还有王睿、吴志飞、胡士峰。具体撰写分工如下：第1、3、9章由曾斌撰写，第2、4、5章由张晶撰写，第6、7章由丰少伟撰写，第8章由王睿撰写，第10章由吴志飞撰写，第11章由胡士峰撰写。全书由曾斌、张晶和丰少伟统稿。

由于作者水平有限，书中难免存在疏漏之处，恳请读者批评指正。

作　者

2023年6月

目录
Contents

第1章 概 述

智能船舶指利用传感器、通信、物联网、互联网等技术手段，自动感知和获得船舶自身、海洋环境、物流、港口等方面的信息和数据，并基于计算机技术、自动控制技术和大数据处理分析技术，在船舶航行、管理、维护保养、货物运输等方面实现智能化运行的船舶，可使船舶安全、环保、经济和可靠。在智能船舶装备方面，新兴技术的崛起，如云计算技术、卫星通信技术、传感器技术等，带动船舶工业走向数字化、网络化和智能化。

智能船舶技术涉及多个行业的先进技术，国外智能船舶研发机构在推进技术研发过程中，纷纷采取多方合作的方式来提升其智能船舶技术发展。根据中国船级社《智能船舶规范》，智能船舶的智能模块分为智能航行、智能船体、智能机舱、智能能效管理、智能货物管理和智能集成平台六个部分，而信息感知技术、通信导航技术、能效控制技术、航线规划技术、状态监测与故障诊断技术、遇险预警救助技术、自主航行技术等七大技术在六大模块中发挥着重要的作用，为智能船舶的正常运行提供有力保障。其中船岸一体化（又称远程技术支持）是智能船舶技术发展的重要方向，通过建立信息交互平台和岸基中心，实现船舶、岸基中心、船东、造船企业之间的信息互联互通，它是智能航行、智能机舱、智能能效管理和智能集成平台都迫切需要的技术。

“远程技术支持”就是将安装在船上的远程技术支持（维修）设备与船载局域网连接，再通过卫星（远海）或无线网络与岸上支援中心的“智能链接”相连，从岸上为海上的船舶提供维修和保障数据。海上的船舶可以从各种数据库中获取图纸、交互式技术手册、诊断信息、供应数据和航行信息，从而帮助船舶进行各系统的修理。此外，该系统还为船舶提供了音频/视频接收能力，使船舶可以与生产厂家或维修部门的工程机构进行通信，在故障诊断及修理等方面得到帮助，进而减少了对船上技术人员的需求。

远程技术支持系统可以看作系统的系统，如图 1-1 所示，可以细分为如下 10 个子系统，其中每一个子系统既可以独立运行，也可以作为远程技术支持系统的一个子系统，与其他系统协作，共同完成船舶远程技术支援任务。

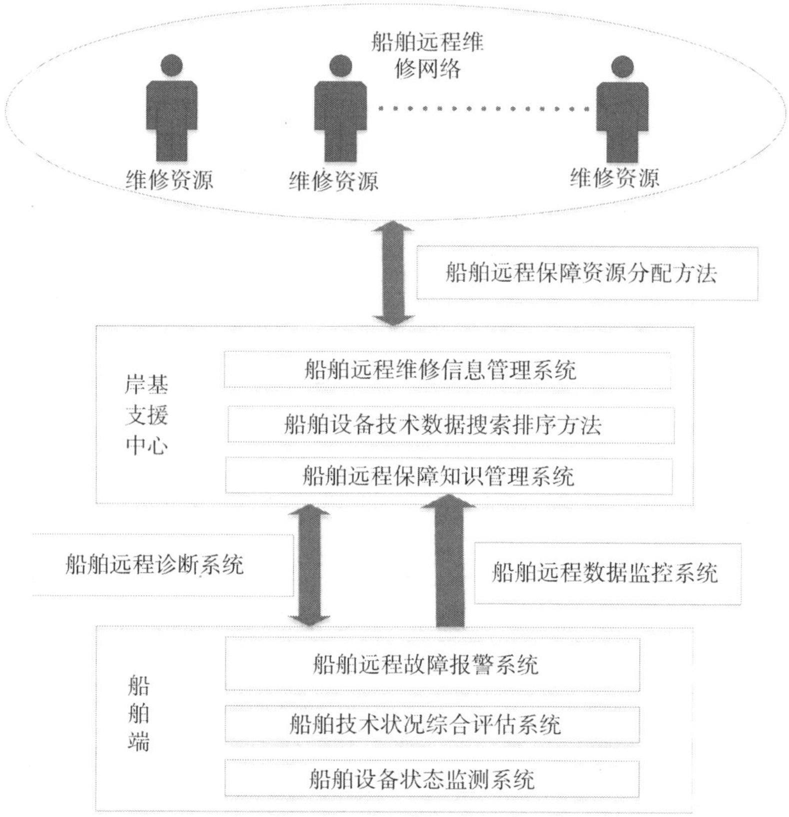

图 1-1　船舶状态监测与远程技术支持系统结构

1. 船舶设备状态监测系统

船舶设备状态监测系统主要在船舶端运行，包括适配层、网关层、船舶本地云，与远程保障云配合。适配层由多个支持即插即用的适配器组成，用于采集不同的设备传感器提供的采集信息，并把格式协议转换成 IP 数据包，传输至上位机管理；网关层由多个上位机组成，负责收集适配器发出的数据，并转换成统一格式的数据消息，转发至船舶本地云的数据记录节点；船舶本地云通过预定义的调度算法收集信息，控制相应设备进行修复工作，或者发送帮助消息到监测台显示界面，指导船舶技术人员进行维修；如果船舶本地云无法处理，则通过远程无线通信连接远程保障云处理。本系统提供一种高吞吐率、低延迟和低开销的船舶数据监测分析和保障方案。

2. 船舶技术状况综合评估系统

船舶技术状况综合评估系统，即方便简单的船舶技术状况综合评估及维修辅助决策系统。船舶技术状况综合评估系统利用船舶设备状态监测系统采集的数据，可以监测船舶设备健康状态，通过故障分级解决设备特征参数精度不够的问题。通过整体性能测量法检测潜在的异常情况，解决多故障模式问题，并能够通过支持协同智能诊断及时处理设备故障，减少设备维修所花费的时间和人力。

3. 船舶远程故障报警系统

船舶远程故障报警系统包括工况管理子系统和远程维修服务子系统。其中，工况管理子系统用于采集异构船载传感器的监测数据，并将采集的监测数据转换成本体实例数据并进行存储与推理，再将推理结果发送到远程维修服务子系统；远程维修服务子系统，用于将推理结果发送到船载和岸基远程技术人员，提供船舶维修辅助决策与工况知识服务。远程维修服务子系统具体包括后端层、中间层和前端层。本系统通过 Web 技术以本体范式形式表达船舶保障知识，利用本体规则引擎来进行推理，从而帮助生成最后的维修方案。系统不仅能够实时监测船舶状况并自动生成故障报警，而且支持船舶与岸基技术人员的信息共享以及船舶信息查询。

4. 船舶远程诊断系统

船舶远程诊断系统包括网关、船载监测子系统、远程接入中心和远程支援中心。船载监测子系统负责船舶端诊断维修，并通过网关和船域网与船舶上的监测传感器通信；远程接入中心用于船载监测子系统和远程支援中心之间的连接和沟通，通过网络通信接收船载监测子系统的交换监测数据和向其传递维修建议；远程支援中心为保障组织，用于负责岸基远程诊断维修。本系统收集并传输船舶上异构设备的运行状态数据，以 Web 服务技术（SOA）封装系统的数据和功能，并以预定义接口形式提供用户使用，适合用来集成和开发包含多种组织结构的软件系统。可以有效地将岸基远程船舶保障中心与船载监测子系统联系起来提供综合保障诊断服务。

5. 船舶远程数据监控系统

船舶远程数据监控系统包括船舶接入端层、服务平台层和数据库层。船舶接入端层，用于将数据采集请求发送至数据采集器，并接收数据采集器基于数据采集请求返回的船舶监测数据，再将返回的船舶监测数据发送至服务平台层，其中，数据采集器包括多种，船舶监测数据包括不同类型的数据；服务平台层，包括内容聚合服务，通过内容聚合服务对返回的不同类型的船舶监测数据进行聚合；数据库层，用于对聚合后的数据进行存储和集成。通过本系统，可以对不同类型的监测数据进行融合，并进行数据存储、集成以及共享，实现了数据内容的融合。

6. 船舶远程保障知识管理系统

船舶远程保障知识管理系统包括保障任务管理服务器、通信服务器和本体知识库。系统的核心是由本体模型驱动的知识库，本体模型能够表示远程技术保障设计的不同概念（包括技术人员、保障资源、保障任务等）及它们之间的相互关系，系统提供的服务包括远程诊断、备件供应及技术资料查询等。当船舶发生故障且本船技术人员无法修复时，可以向远程保障中心发出求助信息，装载于保障中心的知识管理系统采集设备数据并诊断故障原因，给出解决方案，该系统能够优化保障资源的使用，有效支持船舶和岸基保障技术力量之间的消息交换。

7. 船舶设备技术数据搜索排序方法

船舶设备技术数据搜索排序方法是一种利用上下文的静态相关度、时间相关度和动态相关度的排序方法，所需计算量小而且扩展性强，适合船舶设备技术数据的查询结果优先级排序。

8. 船舶远程维修信息管理系统

船舶远程维修信息管理系统部署在岸基支援中心，其中维修专家客户端包括注册模块、安全模块、数据库访问模块、呼叫管理模块和音视频会议模块。证书服务器，用于保存权威认证机构提供的数字证书；目录服务器，用于保存远程维修信息管理系统的公钥列表；管理服务器，为远程维修信息管理系统的交换中心，用于在接收到维修专家客户端的注册信息后，定位检索目录服务器中的公钥列表以及证书服务器上的数字证书，对注册信息进行验证并发送对应的私钥。通过本方法能够实现异构信息的存储与数据访问、管理，解决了现有技术中对异构信息的存储较为困难的技术问题。

9. 船舶远程保障资源分配方法

船舶远程保障资源分配方法即远程保障资源的分配系统，它的主要功能包括：

（1）融合并传输船舶设备监控器采集的设备状态数据。

（2）预测可能发生的故障。

（3）快速组织能有效解决该故障的保障资源。

（4）通知距离最近的船舶，提供备品备件。

10. 船舶远程维修网络

船舶远程维修网络包括维修实体、维修对等网以及对等网客户端。其中，维修实体包括设备制造厂、船舶运输公司等；维修对等网划分为四个层级的覆盖网络，第一层级覆盖网络为跨区域覆盖网络，跨区域覆盖网络根据地域分为不同区域的子覆盖网络，各个不同区域的子覆盖网络构成第二层级覆盖网络，每一个覆盖网络具有管理节点，管理节点用于维护覆盖网络的结构；对等网客户端，用于建立并维护维修对等网各覆盖网络节点的连接，执行不同层级覆盖网络之间的路由。通过本系统能够将共享信息的分发控制在对其感兴趣的组织成员内部，实现了不同维修实体之间的数据交互和协同操作，并且可以减小传输时间，提高路由效率。

第 2 章　船舶设备状态监测系统

2.1　问题描述

在船舶设备监测领域，当前存在的主要问题是：

（1）监测设备或传感器的兼容性问题，不同的生产厂家采用的接口协议也有很大不同，他们都有自己的交互机制、数据格式，等等，尽管采用软件中间件作为适配器可以解决此类问题，但缺乏可扩展性，也没有解决大数据存储和计算问题。

（2）船舶上设备众多，状态监测产生的数据量非常巨大，缺少有效的存储办法和处理办法。

2.2　系统设计与实现

系统结构层次如图 2-1 所示，适配层由多个支持即插即用的适配器组成，用于采集不同的设备传感器提供的文字信息、声音信息、图像信息或视频信息，并把格式协议转换成 IP 数据包，传输至上位管理机。网关层由多个上位机组成，可以安装到各个舱室，负责收集适配层中适配器发出的数据，并转换成统一格式的数据消息，通过船域网转发至记录节点，消息内容包括设备编号、设备运行信息、IP 地址等。船舶本地云通过预定义的调度算法收集信息，并转发至消息分析模块，该模块再结合设备出厂数据文件，生成当前船舶运行状态，诊断结果工作指令等，根据诊断结果，回传控制指令至指定设备，控制相应设备进行修复工作。或者发送帮助消息到监测台显示界面，指导船舶技术人员进行维修。如果本地云无法处理当前故障，则通过远程无线通信手段发送至岸基保障云，由生产厂家、科研院所或修理部门联合诊断。

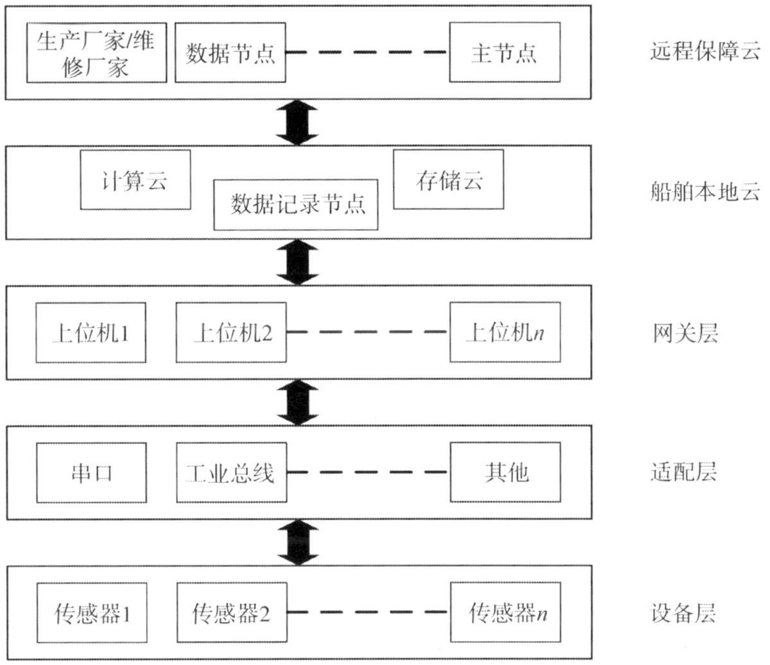

图 2-1　系统结构层次

1. 适配器

适配器硬件可以采用专用芯片（ASIC）、单片机或小型工控机实现，其上运行的软件包括：网络协议模块、设备总线协议模块、领域消息访问模块、配置模块和通信模块。网络协议和总线协议模块，由相应制造厂家提供，适配器结构层次如图 2-2 所示。

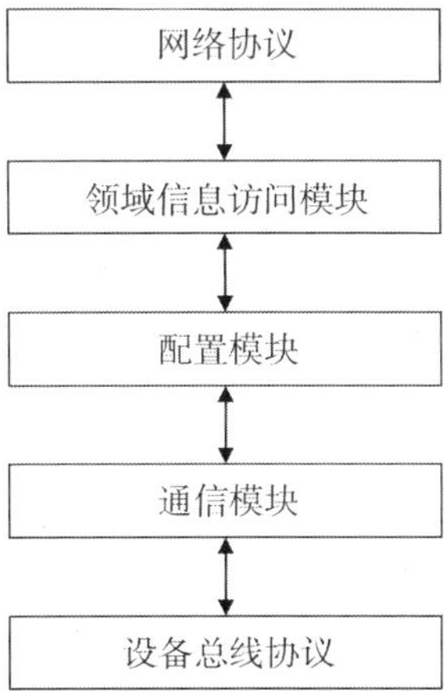

图 2-2　适配器结构层次

领域信息访问模块为抽象类，如图 2-3 所示，它包括：

（1）监测设备类，表示某个特定的船舶设备，例如子类 md-526 代表柴油机振动噪声传感器，该类包括监测的指标。

（2）监测指标类，为各种监测数据对象的基类。

（3）数据集合类，由数据单元类组成。

（4）数据单元类，包括一到多个测量数据单元及对应的元数据（数据类型）。

（5）数据测量类，监测数据封包成数据对象，通过配置模块发送至上位机。

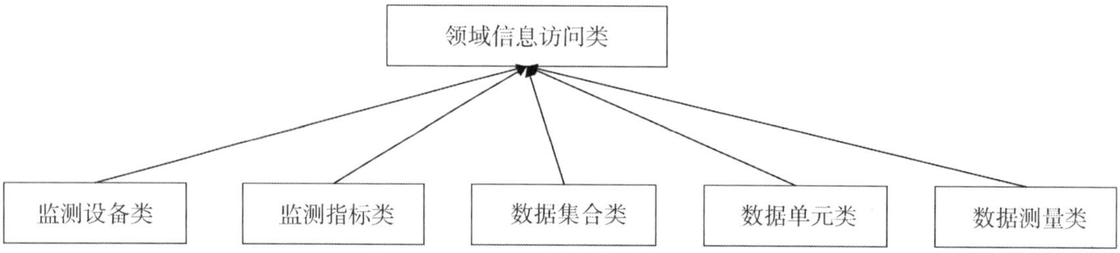

图 2-3　领域信息访问类图

配置模块，负责设备与上位机之间配置信息和数据的交互，配置信息包括连接断开消息、设备行为消息、数据消息、事件等。

状态维护模块，维护传感器与上位机之间的连接关系。内部主要以有限状态机形式表示传感设备和上位机之间的状态转换关系，状态类包括连接/断开两个子类。设备启动前连接子类处于断开状态，当初始化结束后，适配器向上位机发送连接提示消息，则进入连接状态。当设备要断开连接时，适配器发送“断开连接请求”消息至上位机，进入等待断开连接状态，并设置定时器。如果该时间段内没有接收到“同意断开连接”消息，则向上位机发送“中断连接请求”消息，进入断开连接状态。连接状态类也包括两个子类，工作状态和配置状态，如果上位机识别适配器发送的配置命令，发送“接收配置”消息至适配器，适配器进入正常工作状态，否则上位机回传“无法配置”消息，适配器进入配置状态。

2. 上位机

上位机包括：

（1）逻辑处理模块，可以通过规则引擎机制实现，保证整个系统的松耦合。

（2）消息转发模块，通过多智能体方式实现，多智能体后台运行在数据记录节点上，前端运行在上位机上，多智能体负责接收适配器发送的数据，其开发平台可采用 Java 智能体开发框架（JADE），网关层节点的 JADE 结构如图 2-4 所示。

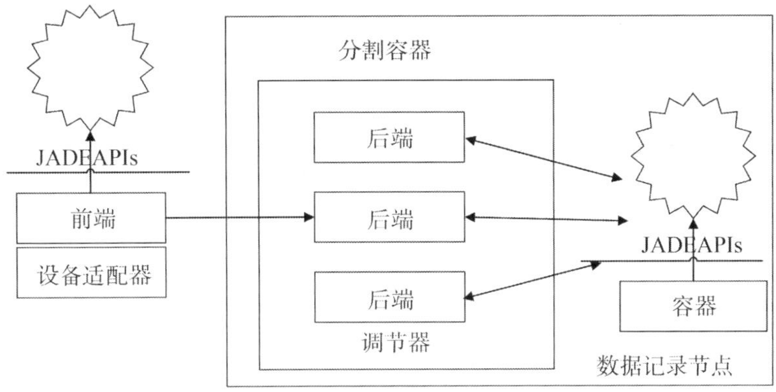

图 2-4　网关层节点的 JADE 结构

3. 船舶本地云

船舶本地云在 Web 服务器上通过分布式消息队列，把监测数据转发到数据分析子系统和存储子系统。它包括分布式消息队列、数据采集子系统、云计算子系统和云存储中心。

（1）分布式消息队列，采用 Kafka 平台实现负责消息缓冲。它部署在 Web 服务器的记录节点上，他以异步非堵塞方式处理数据，当从上位机接收到数据后首先在内存对其缓存。当触发时刻到达或消息数量达到预制值后，以批处理方式发送所有缓冲数据，这种异步处理和批发送方式可以提高消息队列的吞吐率和网络利用率，如图 2-5 所示。

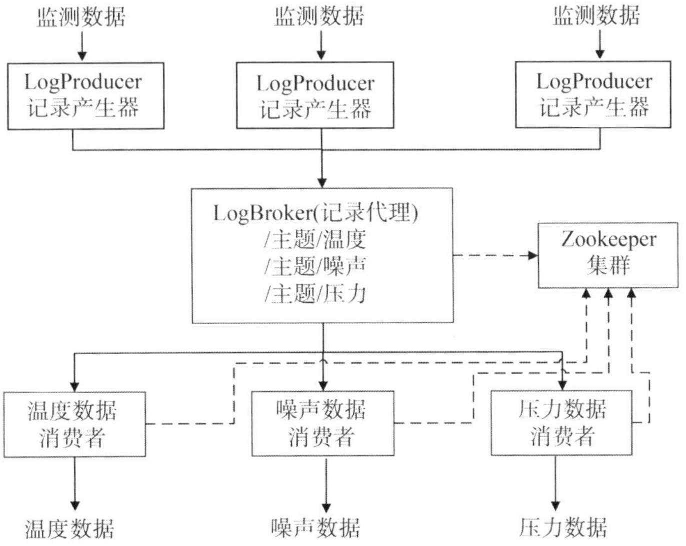

图 2-5　系统的 Kafka 应用结构

（2）数据采集子系统，为了保证整个系统的可靠性与容错性，数据采集子系统采用 FlumeNG 作为应用架构，如图 2-6 所示，以“故障切换”架构形式实现每一个消息消费模块，都运行一个“主发送”进程，同时在另一台机器上运行一个“备份发送”进程，当主发送进程失效，消息缓存的数据自动转移备份发送进程发送，同样的，每一个组收集进程也对应一个备份采集进程，也在备份机上运行，当主采集进程失效后，工作负载将自动转至备份采集进程，进程之间交互以文件通道形式实现，当进程工作异常时也能保证不丢失消息。

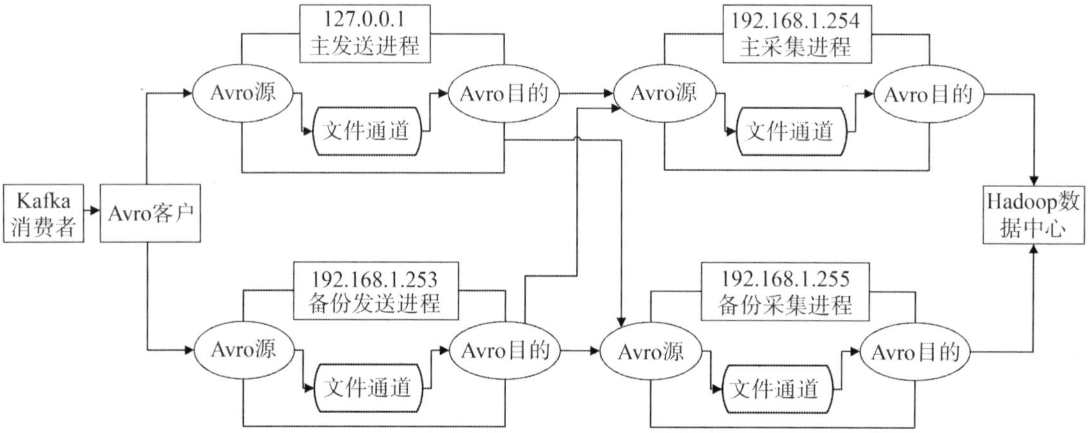

图 2-6　系统中 FlumeNG 应用结构

（3）云计算子系统，可采用 Storm 集群实现，本地云的分布式数据计算结构如图 2-7 所示。

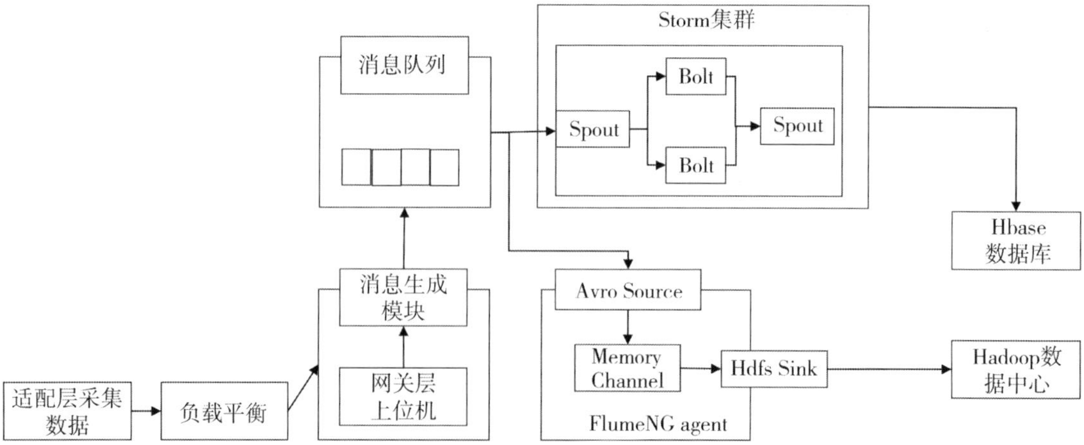

图 2-7　本地云的分布式数据计算结构

（4）云存储中心，可采用 Hadoop 实现，本地云的 Hadoop 数据中心结构如图 2-8 所示。

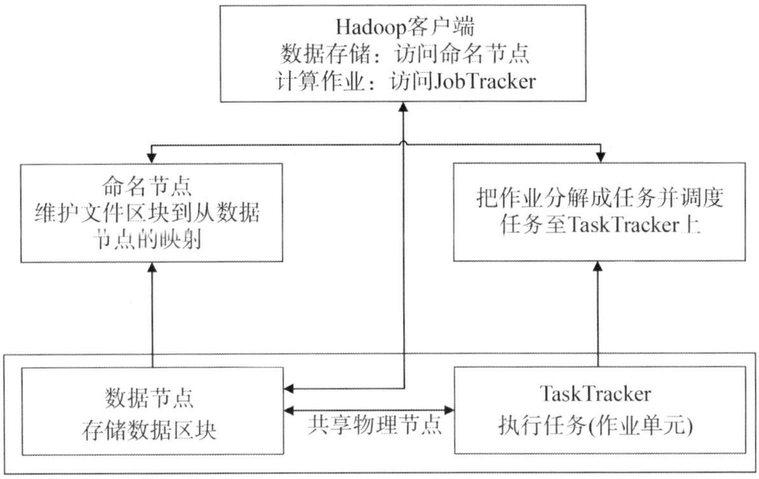

图 2-8 本地云的 Hadoop 数据中心结构

第3章　船舶技术状况综合评估系统

3.1　问题描述

基于状态监测的船舶技术状况综合评估系统的任务是通过传感器采集船舶设备的运行状态信息，并通过船域网传送至船舶设备中央监控台分析处理。船舶设备种类繁多，结构复杂，且各种设备系统都存在自己独有的运行状态与故障模式，给综合评估带来了巨大的困难。首先，船舶传感器和测量设备本身可能存在误差，这给设备特征参数的精确获取带来困难。其次，由于船舶设备的内部结构及运行环境复杂，采集信号往往还有一定偏差，且同一特征参数可能对应多种故障模式。再次，船上技术人员数量和水平有限，对于重大问题难以解决，需要岸基专家和计算机辅助决策工具，协同工作诊断。因此，需要提供一种船舶技术状况综合评估系统，解决以上问题。

3.2　系统设计与实现

系统层次结构如图3-1所示，主要功能模块包括：

（1）故障分级模块：对设备传感数据和设备保障数据库存储的数据进行分析，对故障的影响程度进行评估。

（2）整体风险评估模块：进一步分析故障原因，并量化风险。

（3）辅助决策模块：分析导致故障的原因，给出维修方案建议并根据监测结果调整维修方案。

（4）设备基本信息：包括设备结构、工作原理、维修保养手册以及可能发生的故障及处理办法等。

(5) 维修保障记录：记录设备曾经发生的故障及相应解决办法，另外也存储了船舶设备平时维护保障记录等。

(6) 测量结果库：日常人工定期登记的设备工况或传感器自动采集的设备状态数据。

(7) 设备状况/风险级别：存储设备当前的技术状况及风险级别。

(8) 故障数据库：记录型号设备的故障现象、测试方法及推荐的维修办法。

(9) 维修知识库：存储下载的该型设备的历史故障诊断和维修案例。

故障维修，并通过 Web 接口模块与外部设备和专家交互。

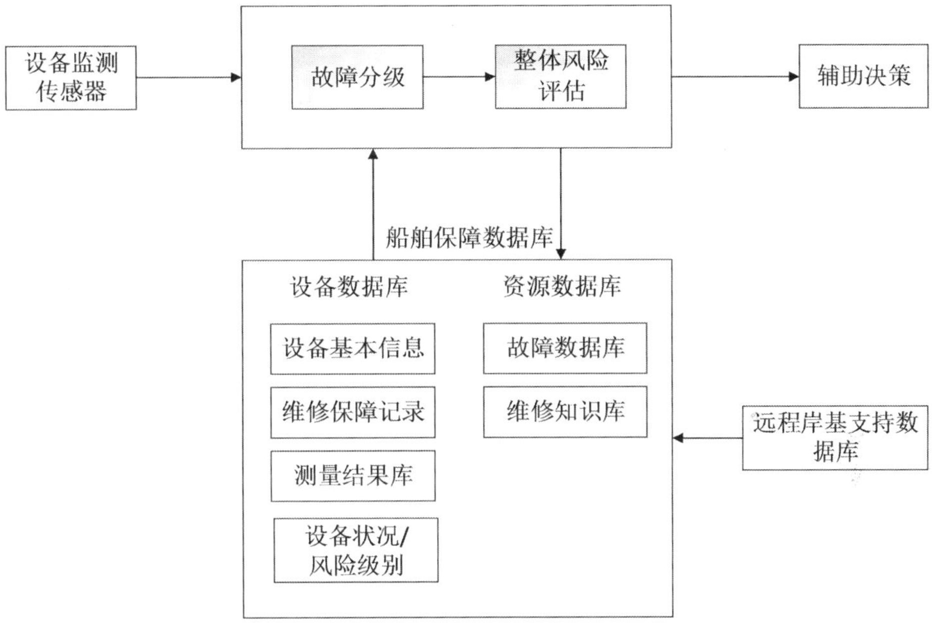

图 3-1　系统层次结构

故障分级模块的工作流程如下：它采集并融合传感器数据并存入监测数据集中，融合后的监测数据与特征参数域值比较，从而判断故障级别。其中特征参数的阈值明确给出了正常情况下的数据区间，它可以由计算公式给出，也可以通过分析历史维修数据中相应故障级别的特征参数范围得到。系统中根据阈值 $T(i)$ ($1\leqslant i\leqslant 5$) 把设备技术状况划分为 5 个级别，如图 3-2 所示，具有相似故障现象的设备被划分为同一个故障级别，例如通过定义阈值 $T(i)$ 的范围，就可以确定级别 4 的评价标准。另外如果某设备的评估结果为 Level(5)，需要立即发送警告消息，通知船舶管理人员，所有评估结果及阈值需保存到维修保障记录库中。设备测量数据与故障数据库中的测量阈值如表 3-1 和表 3-2 所示。

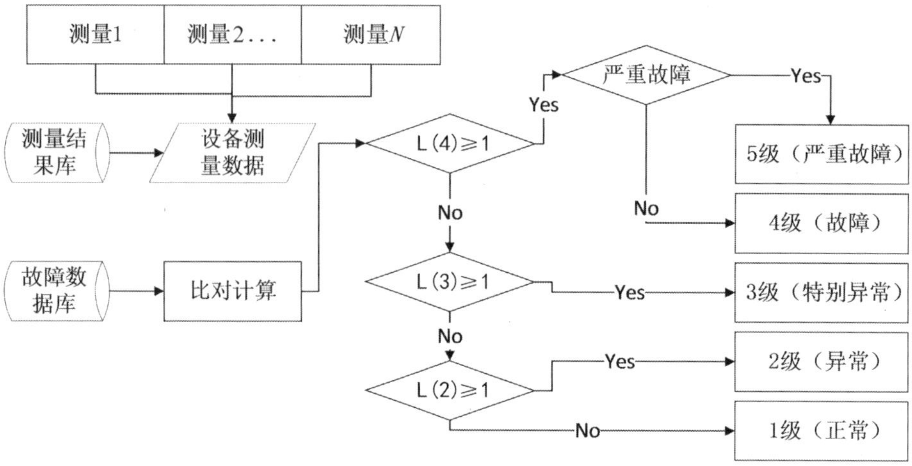

图 3-2　故障分级流程

表 3-1　设备测量数据及分级结果案例

设备 ID	测量点	测量参数	测量值	测量级别
45	定子绕组中部	温度特征	162	Level(4)

表 3-2　测量数据阈值案例

测量点	测量参数	$T(1)$	$T(2)$	$T(3)$	$T(4)$	$T(5)$
定子绕组中部	温度特征	60 ℃以下	60~65 ℃	65~70 ℃	70~75 ℃	严重故障

整体风险评估模块的工作流程如下：当某测量参数特征值为 Level（4），则需要进行整体风险评估，判断该设备是否发生故障。第 1 步，把测量参数集合与故障案例库进行对比和案例推理，估计故障原因及发生部位，并通过主成分分析法降维。第 2 步，采用整体性能测量法进行计算得出风险指标。第 3 步，分析结果发送至辅助决策模块。

整体性能 TP 的计算公式如下：

$$\mathrm{TP}=\frac{(P_1\times P_2+P_3\times P_4+\cdots+P_{n-1}\times P_n+P_n\times P_i)\times P_{n+1}}{2} \tag{3-1}$$

式中，N 为特征参数的数量；P_i代表特征参数的级别，系统中一共有 5 个级别，Level(1) 到 Level(5)。

P_i的计算公式如下：

$$P_i=\begin{cases}0.2, & 如果第 i 个特征参数级别为 Level (1)\\0.4, & 如果第 i 个特征参数级别为 Level (2)\\0.6, & 如果第 i 个特征参数级别为 Level (3)\\0.8, & 如果第 i 个特征参数级别为 Level (4)\\1.0, & 如果第 i 个特征参数级别为 Level (5)\end{cases} \tag{3-2}$$

定义 MAX_ TP 的 TP 的上限，计算公式如下：

$$\text{MAX\_ TP}=\frac{N\times\sin\left(\frac{360}{N}\right)}{2} \tag{3-3}$$

定义整体风险指标 Index_ TP 为 TP 与 MAX_ TP 的比值，计算公式如下：

$$\text{Index\_ TP}=\frac{\text{TP}}{\text{MAX\_ TP}} \tag{3-4}$$

为了进一步说明整体风险指标的计算，以某船舶主机的评估为例进行说明，设其监测项包括 12 个特征参数，故障分级模块得出的结果如表 3-3 所示。

表 3-3　故障分级模块得出的某船舶主机结果

	Level(1)	Level(2)	Level(3)	Level(4)	Level(5)
平均指示压力				●	
指示功	●				
爆发压力				●	
燃油消耗率				●	
压缩压力	●				
膨胀压力				●	
压力升高值				●	
排气温度		●			
涡轮出口压力	●				
压气机出口压力		●			
出口温度	●				
润滑油温度	●				

利用公式（3-2）计算每一个特征参数的 P_i 值，再根据公式（3-1）得到 TP = 0.67，利用公式（3-3）得到 MAX_ TP = 3.0，利用公式（3-4）得到整体风险指标 Index_ TP = 0.22。

如图 3-3 所示，其中故障诊断算法依赖于特定船舶设备，包括解析模型、信号处理算法或人工智能算法等。

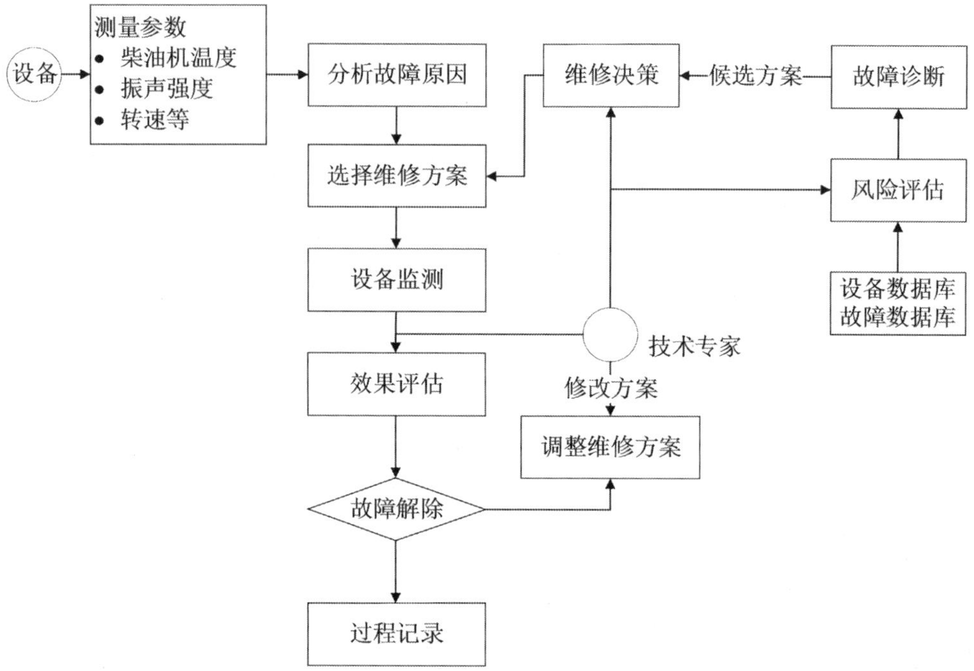

图 3-3 辅助决策流程

辅助决策模块的工作流程如下：

第 1 步，利用整体风险评估模块确定的故障风险级别和故障定位结果选择维修方案。

第 2 步，对方案实施后的设备状态进行监测，评估是否达到预定效果。

第 3 步，如果达到维修目标，则存储维修过程和数据返回，否则调整维修方案，继续监测设备。

进一步描述监测级别的确定方法。设备风险级别可以分为以下三级：正常、异常、故障。设备监测模式可以根据总体风险级别划分为一般监测、密切监测、重点监测三种。风险等级为 4 的设备判定为发生故障，风险等级为 2 和 3 的划分为出现异常，风险等级为 1 的划分为正常级，风险等级为 5 的设备需要进行维修，不作划分。故障级别的设备需要重点监测，存储所有的特征参数。正常级别的设备只需一般监测，按出厂文件的要求进行基本参数监测。异常级别的设备属于密切监测范畴，测量级别介于重点监测和一般监测之间，可根据预定监测方案或人工调整监测参数的数量精度、周期以及存储频率。

系统实施结构框图如图 3-4 所示，除了上述主要功能模块和数据库外，还增加了辅助模块。

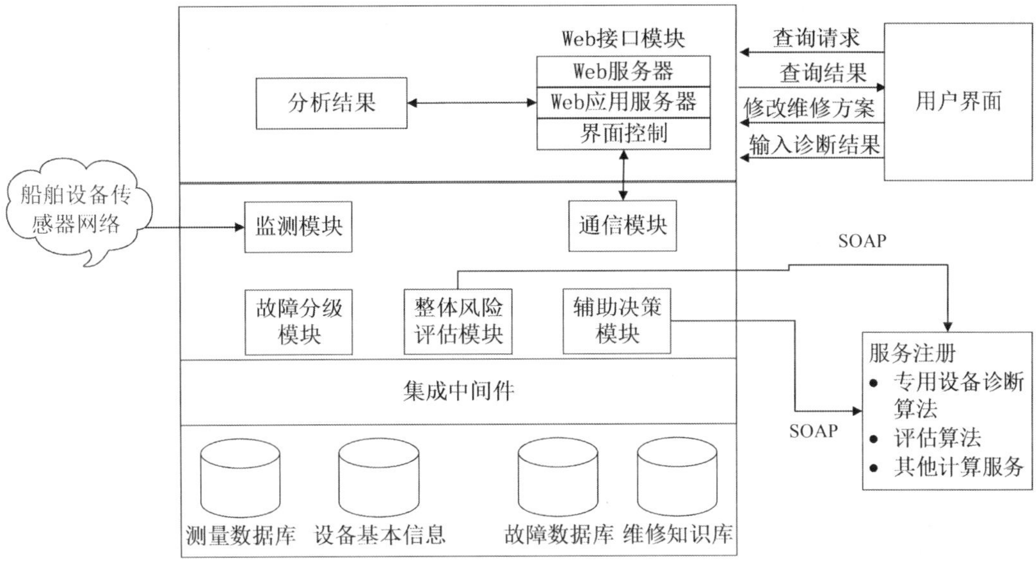

图 3-4　系统实施结构框图

（1）用户界面：向维修专家显示设备监测结果，设备基本信息或维修历史信息，并允许专家输入诊断结果或给出维修方案。

（2）Web 接口模块：安装在 Web 应用服务器上，进行界面控制和分析结果。为了适应远程专家不同的接入设备，例如可能为台式机、PAD 或手机等，Web 接口模块可以从用户界面定义库中选择相应的应用接口，调整显示效果。

（3）服务注册模块：为了给船舶不同类型设备提供个性化评估能力，各类故障诊断或评估算法以编译好的服务组件形式提供，并注册在服务注册表中。服务注册模块采用 Web 服务定义语言方式描述服务组件的功能接口和使用说明。

（4）通信模块：负责设备、船舶工作人员以及远程专家之间的信息交互。

（5）监测模块：以实时或非实时方式采样各个测量点的传感数据，并传输给风险分级和整体风险评估模块。

（6）集成中间件：服务模块通过集成中间件访问数据库。

（7）评估工具包：按照系统内容提供的系统方法评估船舶设备技术状况及故障模式，并给出风险等级和综合评估结果。

（8）辅助决策模块：接收评估工具的分析结果，调用服务注册表中注册的相关故障诊断算法实施。

第 4 章　船舶远程故障报警系统

4.1　问题描述

近年来我国越来越重视船舶与岸基保障一体化的状态监测技术，但当前研究还是主要关注船舶设备的数据读取、显示和存储，需要船上技术人员从仪表显示中根据经验判断可能发生的故障或问题，主要问题包括：

（1）当前船舶故障保障报警系统的运行模式还是以单体架构为主，可扩展性和可靠性欠缺。

（2）保障知识的表达不统一，缺乏知识推理能力。

（3）不支持远程数据传输和信息查询。为此本系统建立了一个基于本体工况模型和工况管理中间件的自动报警系统。当船舶发生潜在问题时自动发出警报，并支持船上技术人员与岸基技术人员的协同诊断。

4.2　状态监控模型

事件类图定义了状态监控模型中事件的概念，如图 4-1 所示。

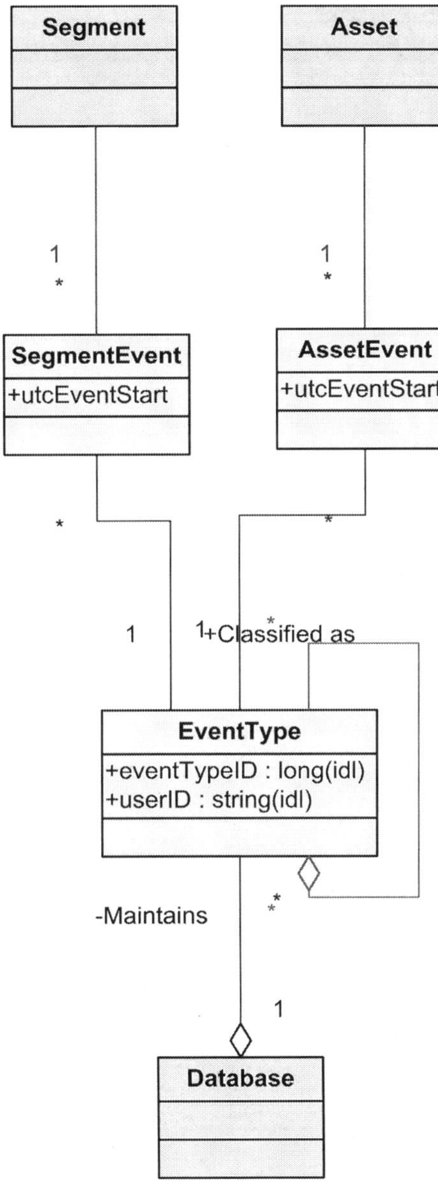
Segment
Asset
1
*
1
*
SegmentEvent
+utcEventStart
AssetEvent
+utcEventStart
*
*
1
1+Classified as
*
EventType
+eventTypeID : long(idl)
+userID : string(idl)
-Maintains
*
*
1
Database

图 4-1　事件类图

段事件数据类图描述了与段事件有关的数据实体，如图 4-2 所示。

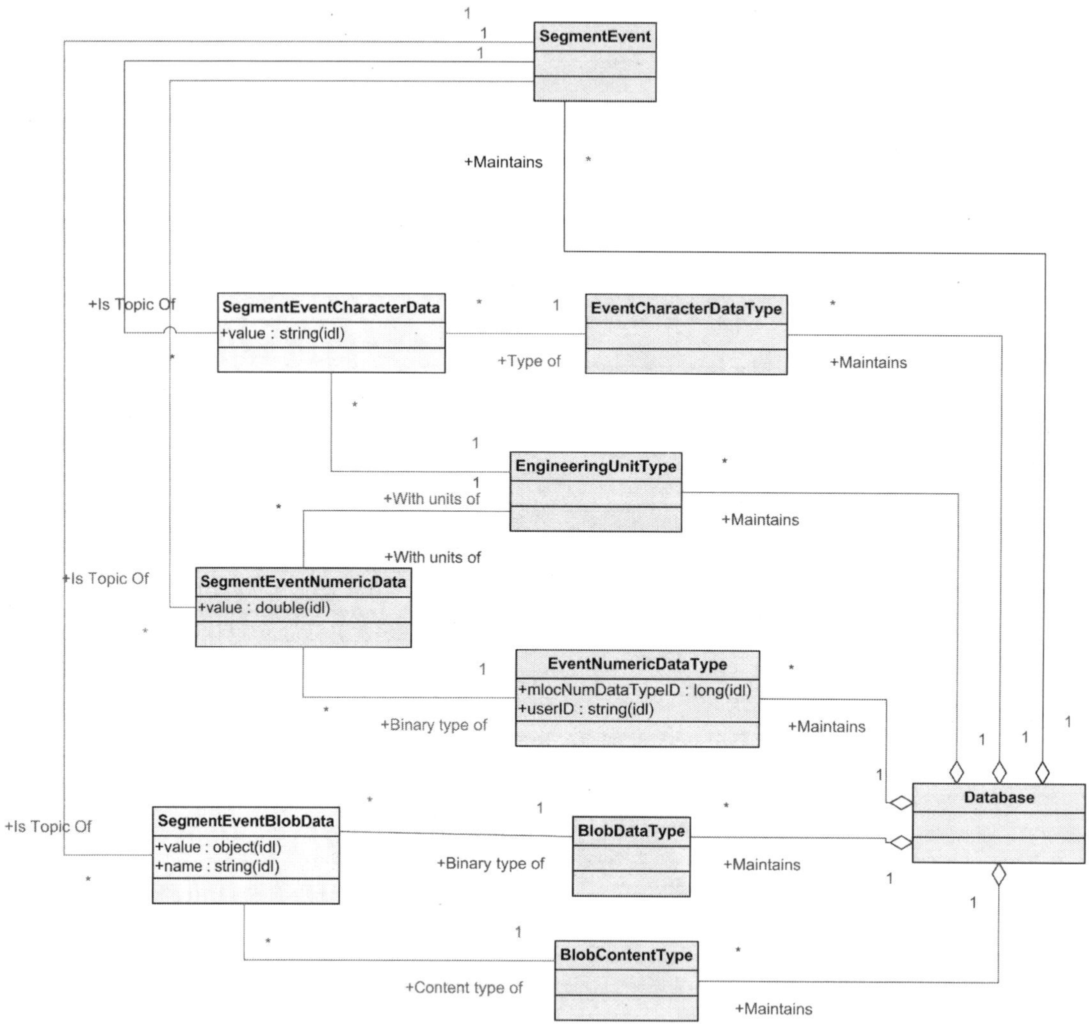

图 4-2　段事件数据类图

设备事件数据类图描述了与设备事件有关的数据实体，如图 4-3 所示。

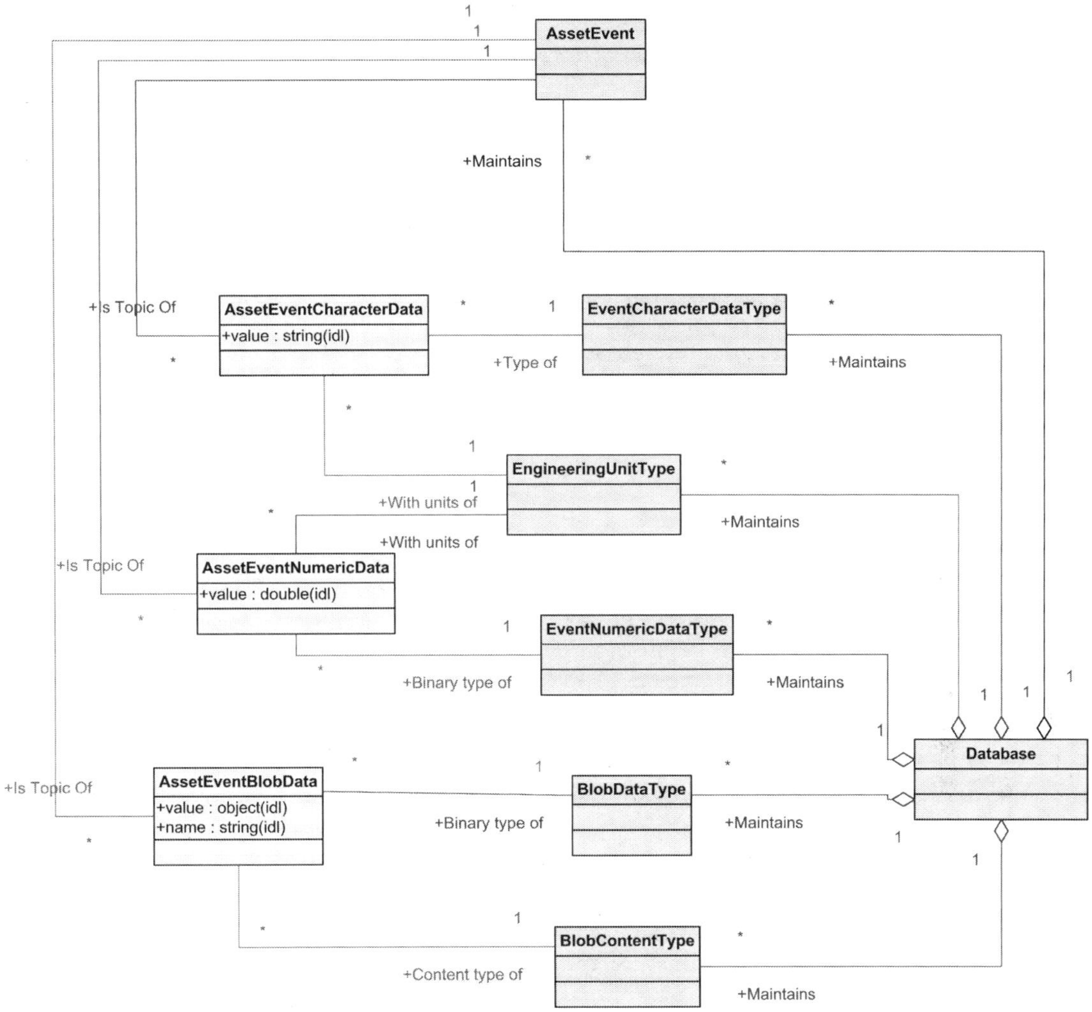

图 4-3　设备事件数据类图

状态监控核心类图描述了与状态监控中最为核心的一些实体及其之间的关系。这些实体包括测量位置、测量事件、测量位置类型、数据源、传感器、计算类型等，如图 4-4 所示。

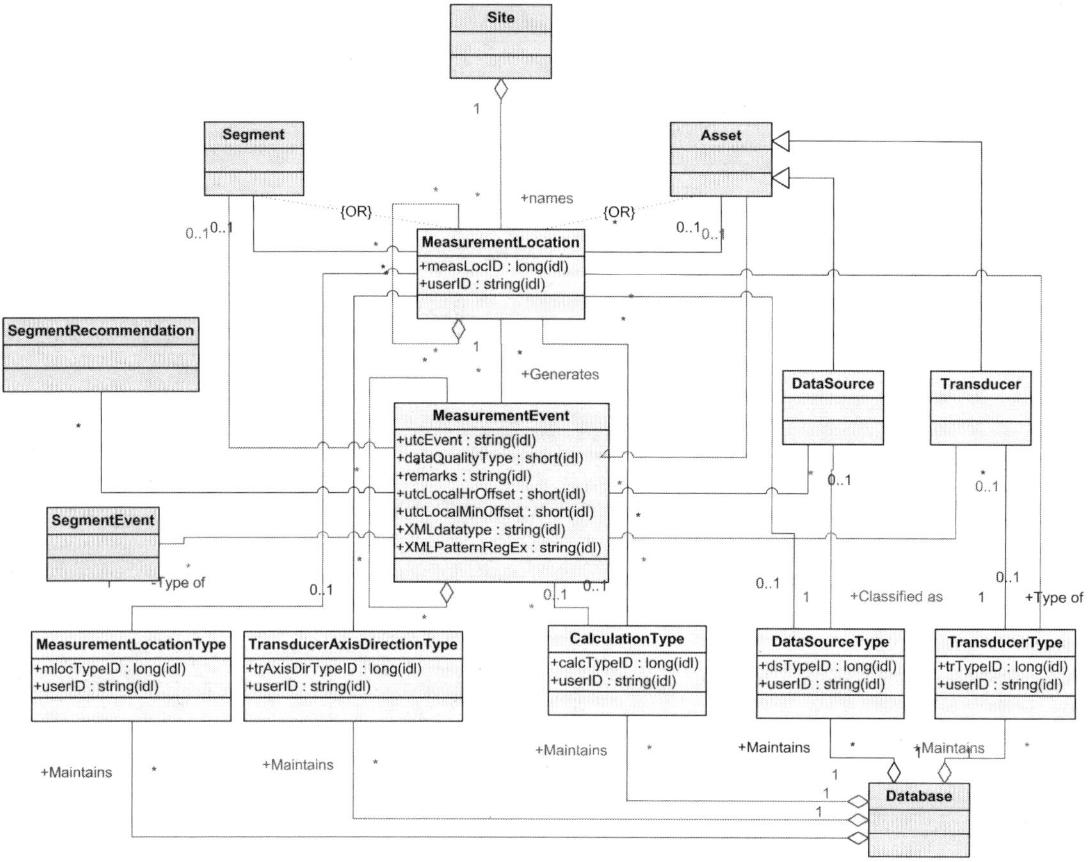

图 4-4　CBM① 核心类图

① CBM 是 Condition Based Maintenance 的缩写，是指基于状态的维修，或者称为视情维修。

趋势数据报警区域类图描述了与趋势数据报警相关的实体，如图 4-5 所示。

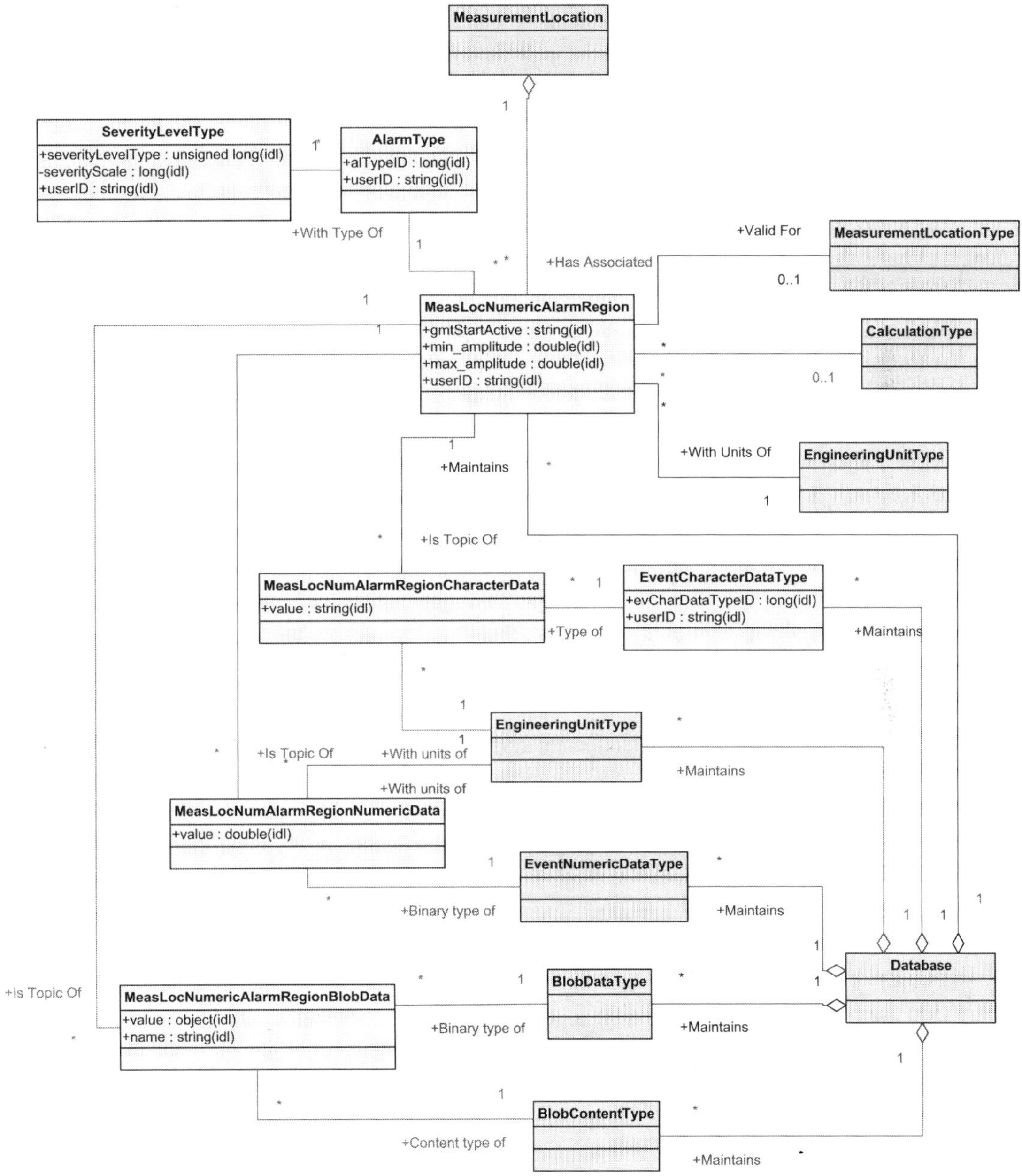

图 4-5　趋势数据报警区域类图

趋势数据核心类图定义了为描述趋势信息而为测量事件附加的属性，如图 4-6 所示。

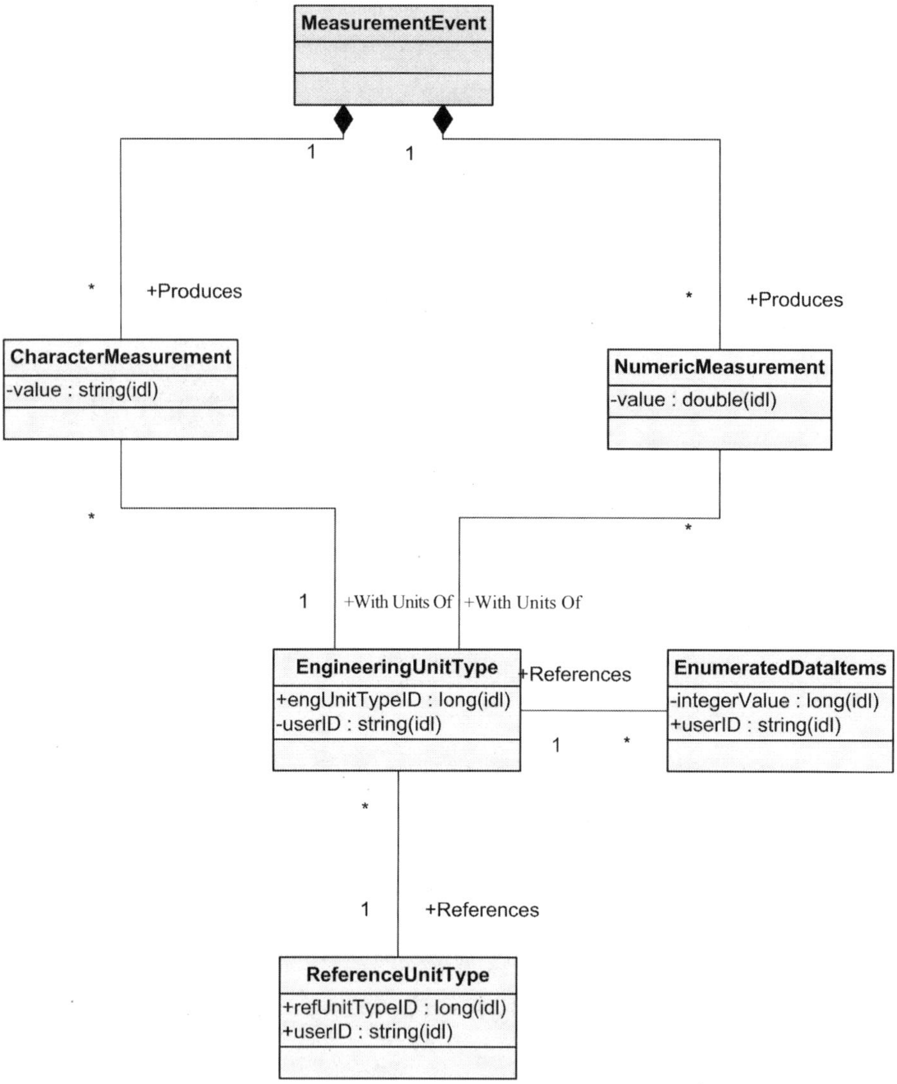

图 4-6　趋势数据核心类图

趋势数据数组类图描述了趋势数据数组的概念，如图 4-7 所示。

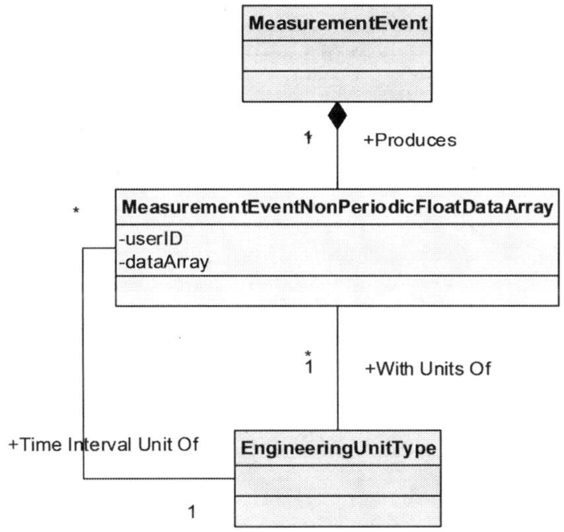

图 4-7　趋势数据数组类图

趋势数据报警类图定义了报警实体类，并描述了报警类与其他类之间的关系，如图 4-8 所示。

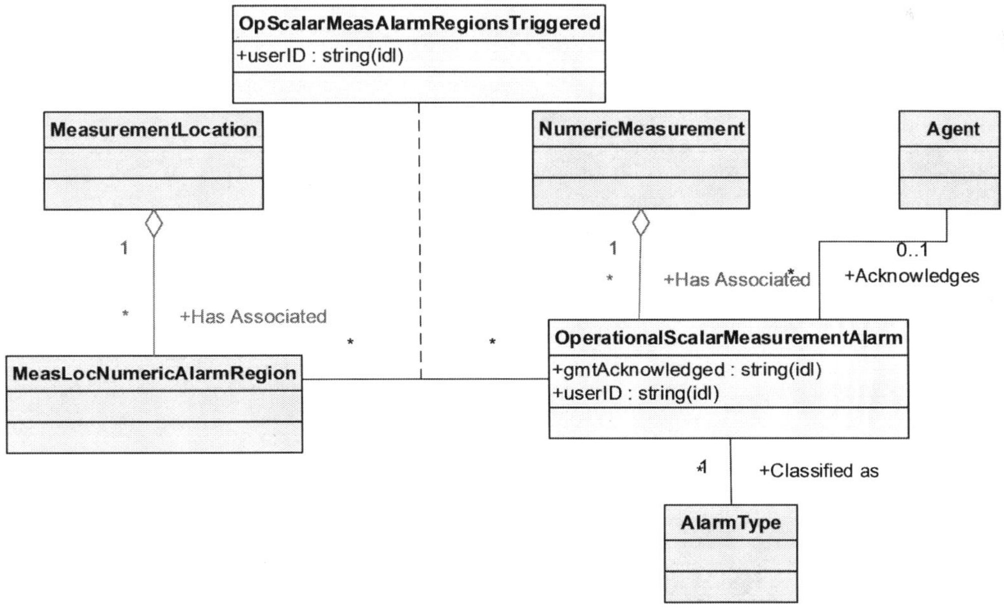

图 4-8　趋势数据报警类图

动态数据类图定义了用于描述动态数据的相关实体类，如图 4-9 所示。

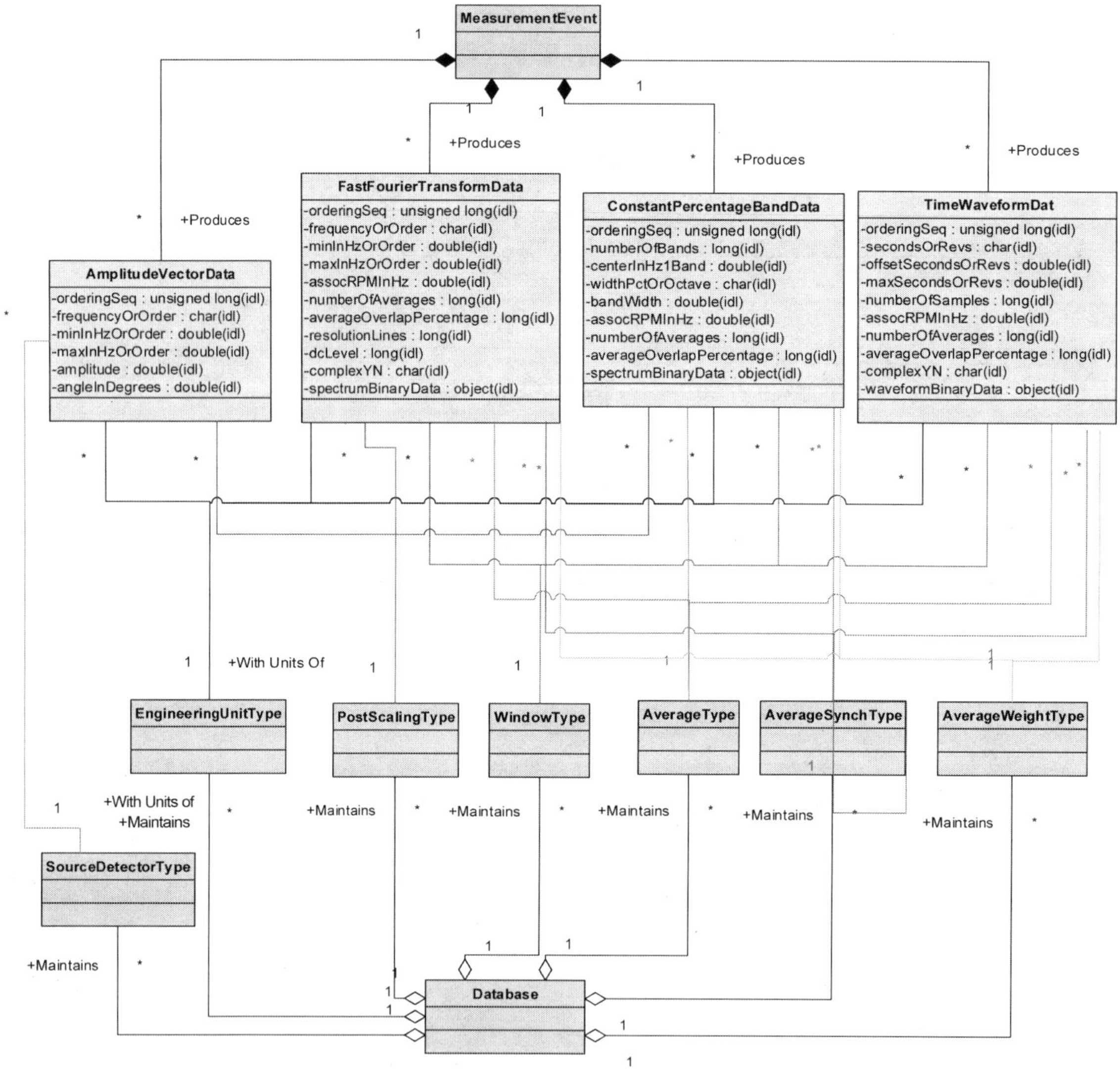

图 4-9　动态数据类图

二进制数据块类图定义了用于热分析、图像分析的二进制数据块的相关实体，如图 4-10 所示。

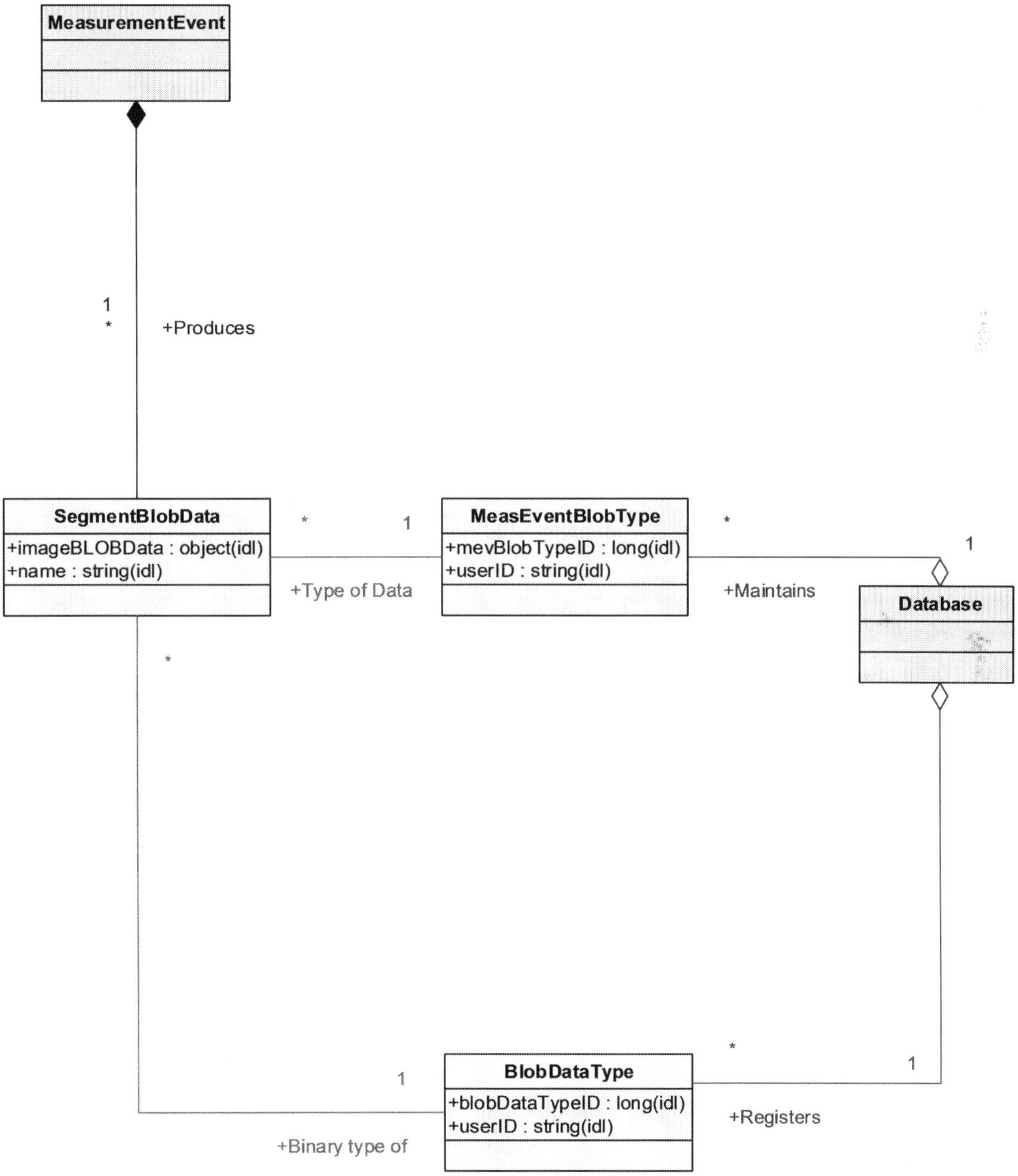

图 4-10　二进制数据块类图

采样数据类图定义了用于描述采样数据的相关实体，如图 4-11 所示。

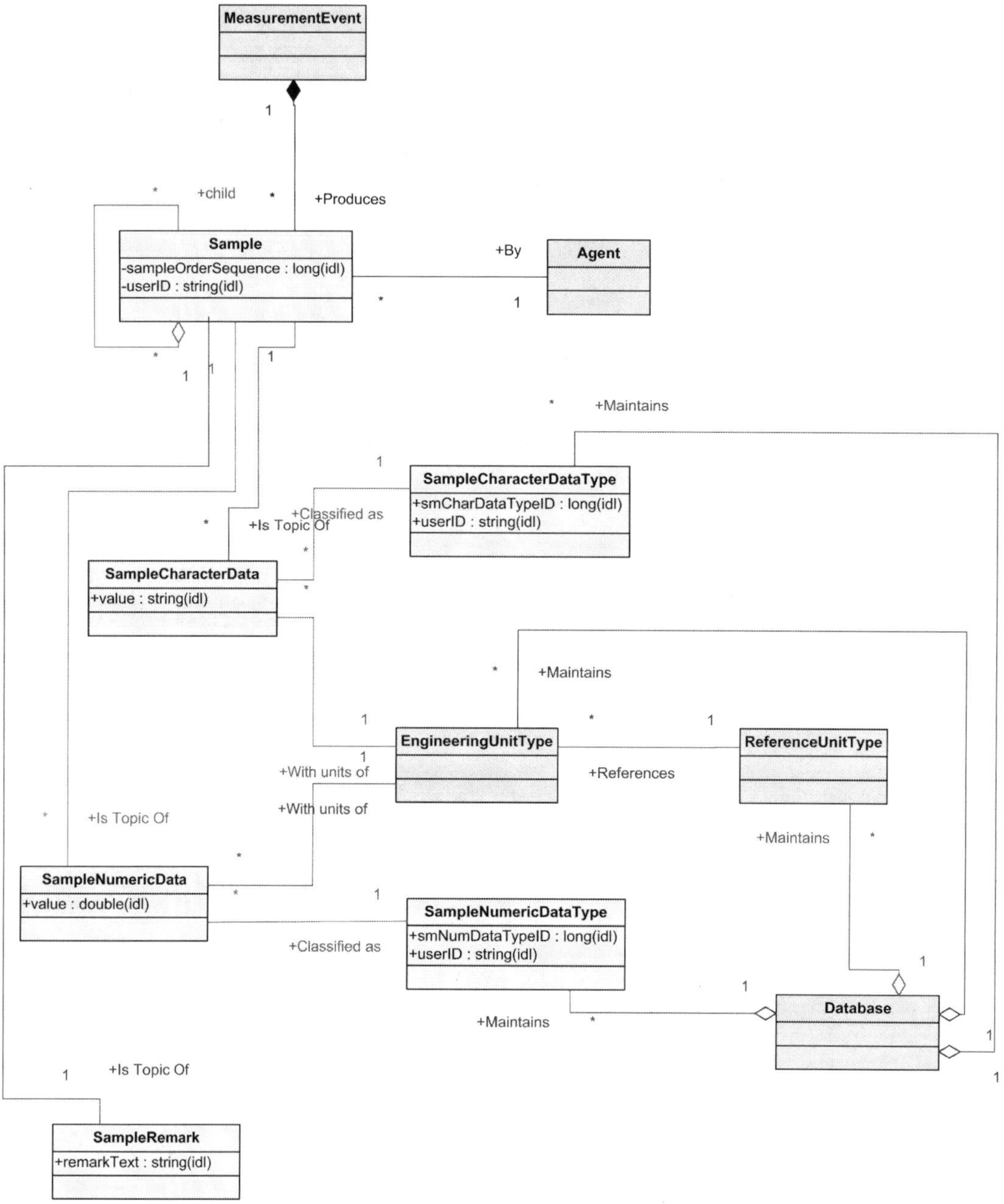

图 4-11　采样数据类图

测试项数据报警设置类图描述了对测试项结果数据进行报警的区域，如图 4-12 所示。

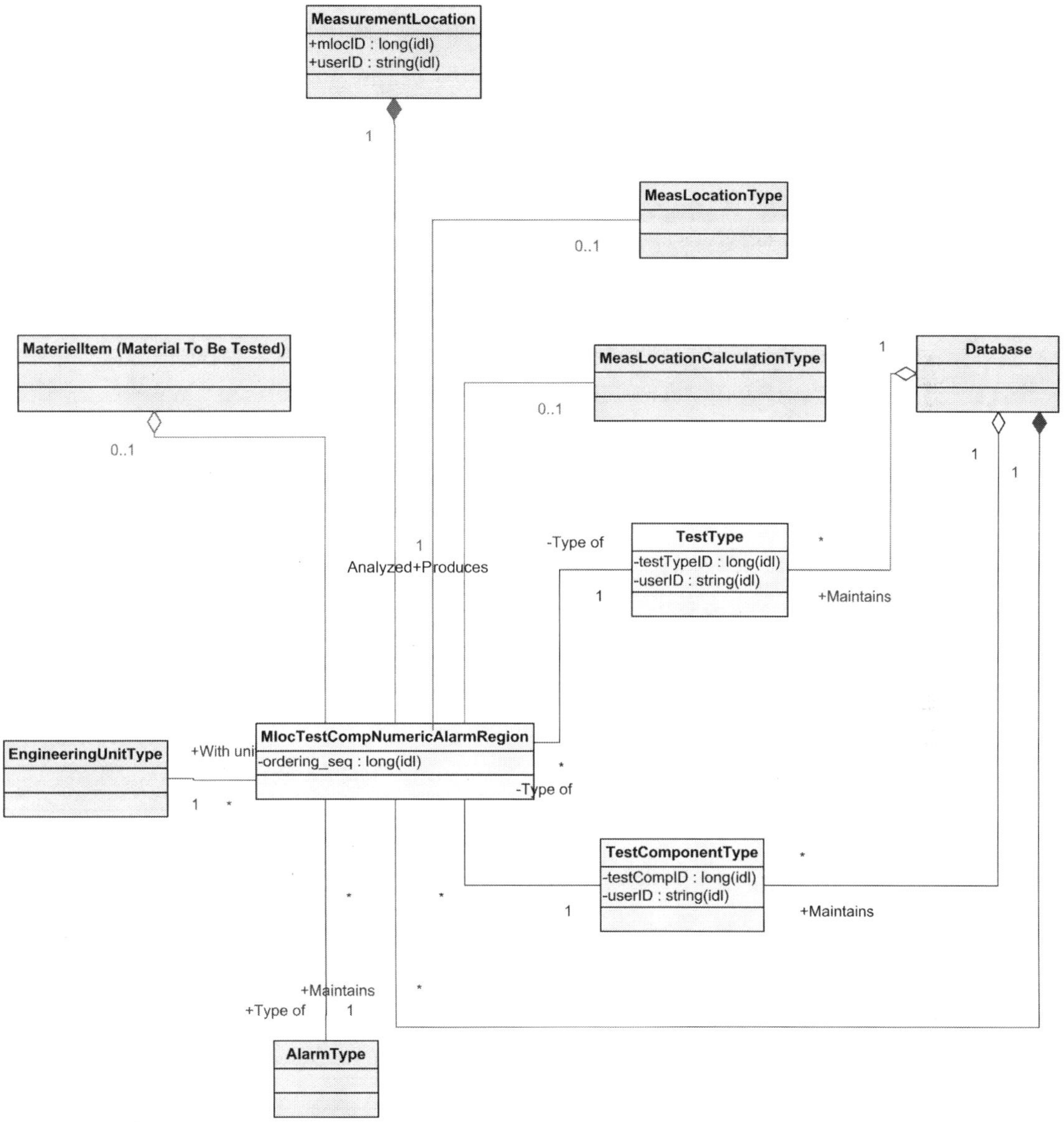

图 4-12　测试项数据报警设置类图

测试数据类图描述了测试、测试类型、测试项、测试项类型、测试组、报警区域等概念，及其与测量事件、样本、数据源、传感器、物料项等实体之间的关系，如图 4-13 所示。

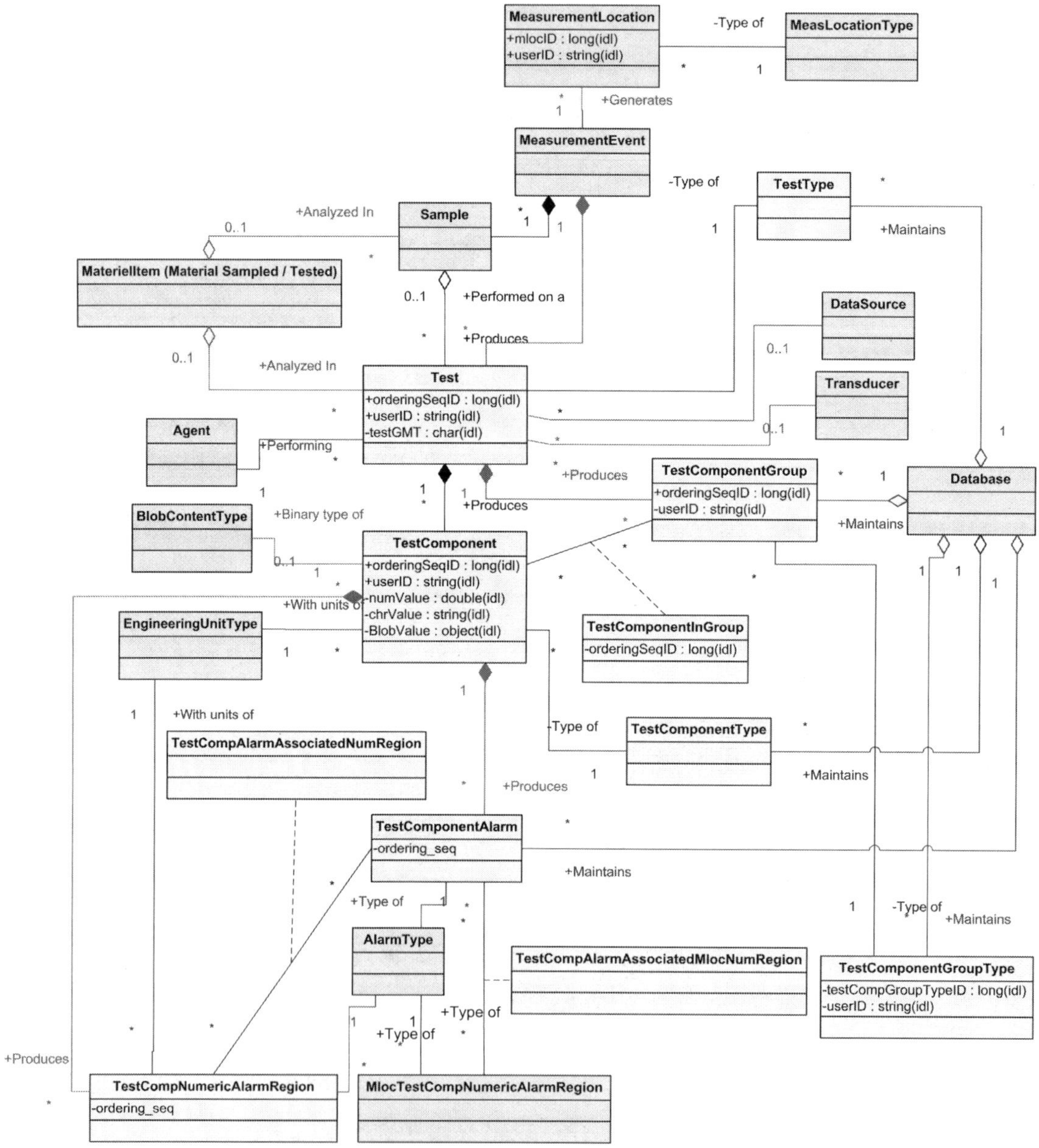

图 4-13　测试数据类图

4.3　系统设计与实现

系统由三种类型的组织单元构成，如图 4-14 所示。工况信息提供者负责采集数据的分布式传感器，工况信息管理中间件负责信息处理，工况信息使用者根据工况信息内容调整行为的应用软件。

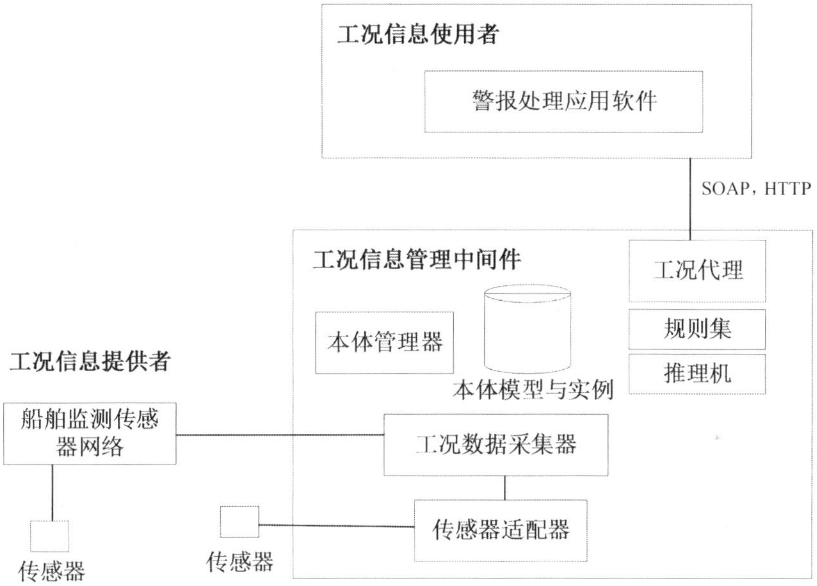

图 4-14　工况管理结构

工况信息管理中间件由船舶工作状况管理节点构成，从工况信息提供者获取数据，包括：

（1）数据采集器模块，通过 SOAP 消息从支持 Web 服务的传感器网络接收数据；如果传感器不支持 Web 服务，则加装传感适配器与传感器连接，由它负责把接收到的数据转成 SOAP 消息后，再发送至数据采集器。

（2）工况知识库管理知识库，它通过数据库存储工况模型及示例数据，另外工况知识库还包括推理机和规则文件。

（3）工况代理组件，负责工况管理节点与外部应用软件之间的交互，具体工作流程如下：当应用软件要查询工况数据时，工况代理组件对查询命令进行格式转换，并交付工况知识库执行，执行结果返回给应用软件；当工况改变时，把变化后数据传输给订阅该事件的应用软件，各分布式组件之间的通信采用 SOAP Web 服务接口和基于 XML 消息的 HTTP 通知服务。

进一步描述工况知识库中知识库的组成，知识库中具体包括以下 4 类本体：设备领域本体、船舶领域本体、报警管理本体、保障力量本体。其中设备领域本体包括设备监测数据和测量参数，这些数据可被系统用于判断设备的工作状况，并判断是否应该发出警报。系统利用 OWL Web 本体语言描述设备本体模型。图 4-15 为设备领域本体的一个示例，其中为设备增加了一个润滑油参数类的实例，把测量值与标准范围进行比较，可以用来判断设备的工作状态，每一个标准范围包括上限值、下限值及报警级别，当测量值超出上限值或低于下限值时，对应级别的警报就会激发，系统警报级别可以划分为 4 级，分别为很低、低、中等、高，警报级别可以进一步细化。当 1 个或多个测量参数不在标准范围之内时，根据“异常参数类”和对应的警报级别，设备的工作状态也将改变，规则推理器也会据此生成警报事件，一个警报事件消息中包括设备当前状态的紧急级别、设备基本属性和产生异常条件的参数。

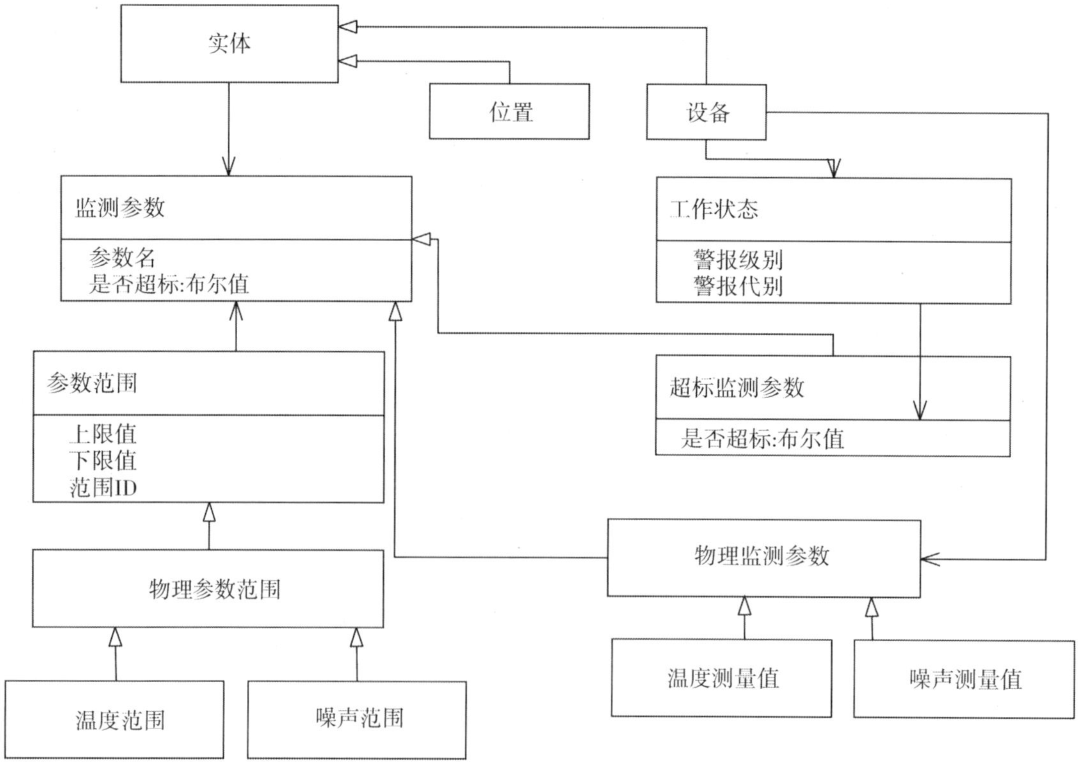

图 4-15　设备领域本体

船舶内部环境参数也可以激发警告，船舶领域本体模型表示了这种情况。该模型与船舶设备本体类似，但主要用于监测船舶内部环境参数，包括温度、湿度、烟雾、火警等，如图 4-16 所示。

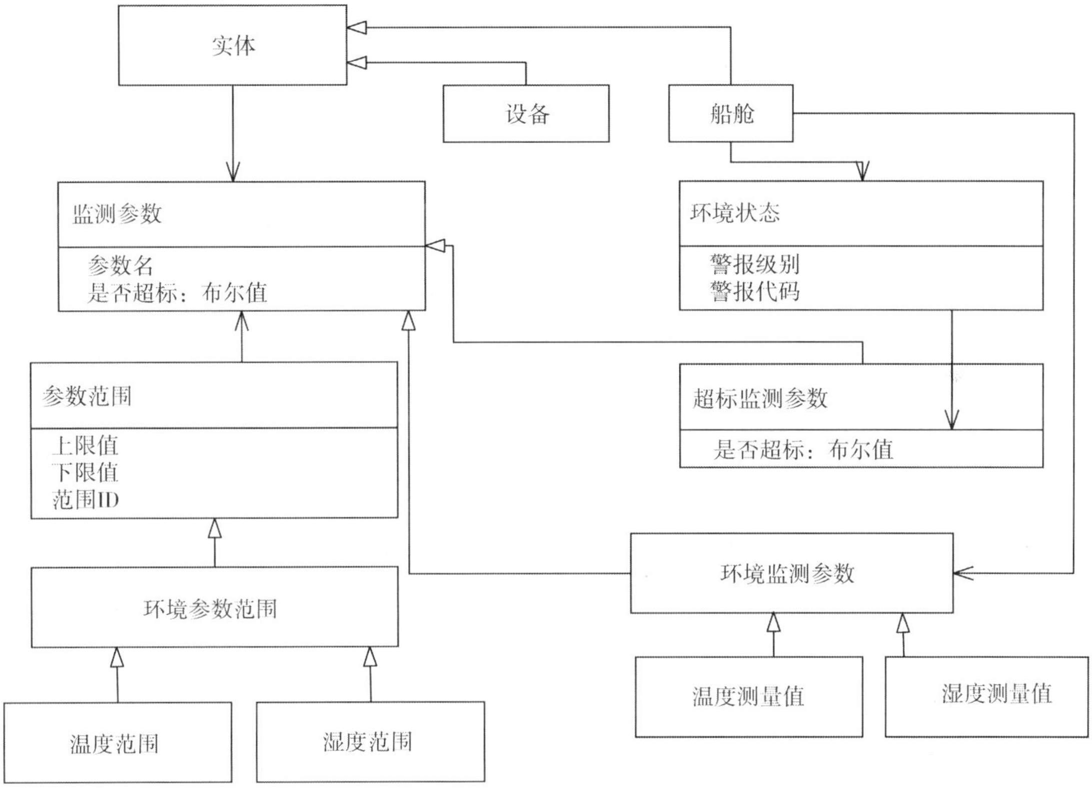

图 4-16　船舶领域本体

当系统发现非正常的设备参数值或船舶环境参数值时，表明有故障发生，这时需要报警。当技术人员收到警报后需要组织维修，为此需要设置好维修申请策略，以便调集合适的专业人员，申请策略需要解决的问题包括：

(1) 需要通知哪种专业人员？

(2) 维修通知以什么方式？

(3) 在什么时间发送较为合适？

(4) 是否需要马上回应消息。

报警管理本体代表船舶设备故障时应该如何通知技术人员实施技术保障，即设置维修申请策略，如图 4-17 所示。在报警管理本体中通知策略模型表现为一个专家队列集合，每一个专家队列包含一个专家列表，对应船舶保障网络中的成员，该本体中还定义了是否需要回应消息以及通知（方式：E-mail、短消息、微信等），每一个专家都对应一个序列号，它定义了与同一个专家队列中不同专家成员联系时的优先级。例如当出现一个中级警报时，系统行为假设如下：

（1）通过短消息或 E-mail 通知技术人员。首先发送维修申请通知至故障设备生产厂家，如果在预定时间内没有收到回应消息，按预定顺序通知维修厂家人员，直至收到应答消息为止。如果所有专家通知完毕，都没有收到回答消息，系统通知应急救援组织。

（2）同时，至少一名船舶运输公司值班人员必须被通知到，且不需要回应消息。为了保证实现行为（1）可以采取以下方法：把专家队列中需要回答属性设为真，并把专家队列中每一个成员标志为设备生产厂家技术人员或维修厂家技术人员，并指定不同序列号。为了实现行为（2），把第 2 个专家队列中“需要回应”标志设置为假，并指向船舶所属公司保障值班人员。

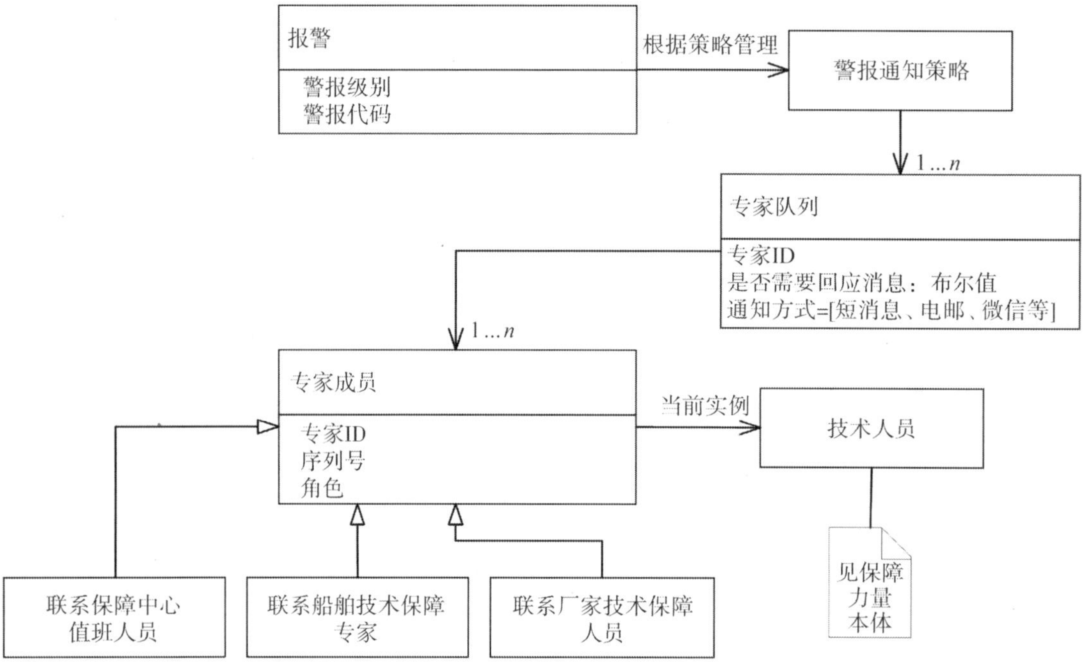

图 4-17　报警管理本体

当系统收到警报后，就会发出专家通知策略，从保障专家网络中选取合适人员放进专家队列，保障专家网络模型如图 4-18 的保障力量本体，保障力量本体代表属于不同组织机构的船舶设备技术人员，他们可以隶属于大学、研究所、生产厂家、维修厂家等。其中专家类可继续分为以下三个子类：船上技术人员、远程保障人员、附近船舶技术人员。

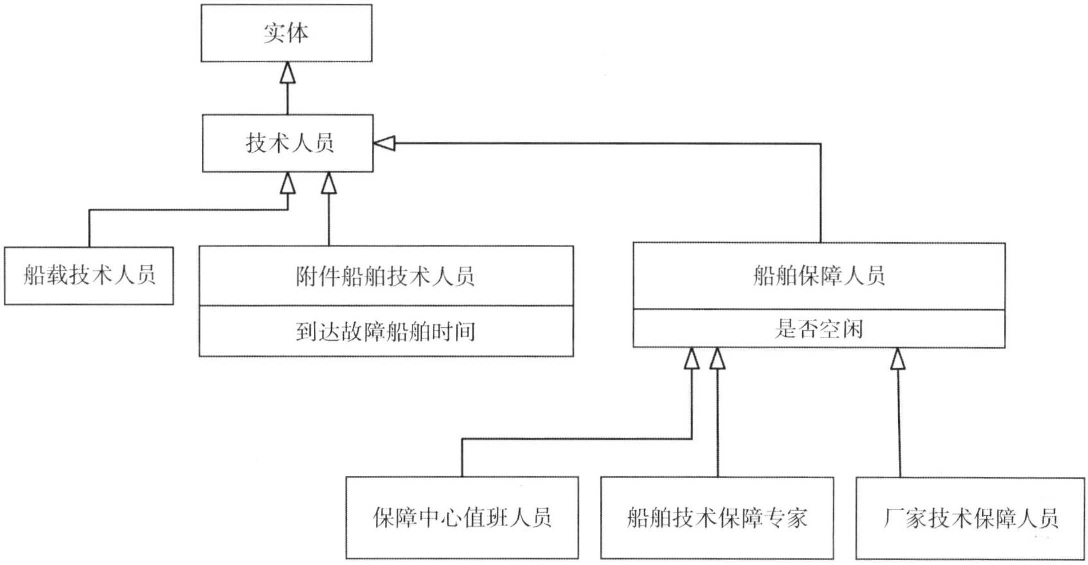

图 4-18　保障力量本体

系统根据本体中定义的监测值及对应的阈值，采用基于本体的推理机来实现两个功能。(1) 判断是否发出警报。(2) 确定警报级别，例如针对某船用柴油机，当气缸压力高于 40 千克力/平方厘米，转速小于 500 转/分钟时，发出最高级警报，该规则可定义如下：(参数 1rdf：type 转速) (参数 1 测量结果？ v1) le (？ v1，500) (参数 2 rdf：type 气缸压力) (参数 2 测量结果？ v2) ge (？ v2，500) -> (？ 工作状态警报级别“高”)。

当警报发出后，推理机还可以计算专家通知策略，例如，当收到中等级别警报后，按警报通知策略规定，需要一名不在值班状态的船舶维修厂家技术人员参与维修，其规则可定义如下：(？ 维修专家 rdf：type 维修厂家技术人员) (？ 维修专家空闲状态“空闲”) (？ a rdf：type 报警) -> (？ q rdf：type 联系维修厂家技术人员) (？ q 联系专家？ 维修专家)。

具体实施方案中至少包括两类工况管理中间件：一个安装在船舶上，当船舶本地技术人员无法解决故障时，通过它与安装在岸基远程保障单元的中央工况管理中间件通信。另一个安装在岸基远程保障单元，它主要负责远程资源服务的集成和消息分发，并与船载工况管理中间件协同，船载工况管理中间件和中央工况管理中间件共同组成了工况管理子系统。远程故障报警系统除了工况管理子系统（由船载中间件和中央中间件组成）外，还包括远程维修服务子系统，共同组成了远程故障报警系统，工况管理子系统负责采集异构船载传感器的监测数据，把它们转换成本体实例数据并进行存储与推理，最后结果发送到上层船舶保障应用软件（远程维修服务子系统等），远程维修服务子系统为船载和岸基远程技术人员提供船舶维修辅助决策与工况知识服务，远程维修服务子系统和工况管理子系统之间利用标准的 Web 服务接口通信，远程故障报警系统总体结构如图 4-19 所示。

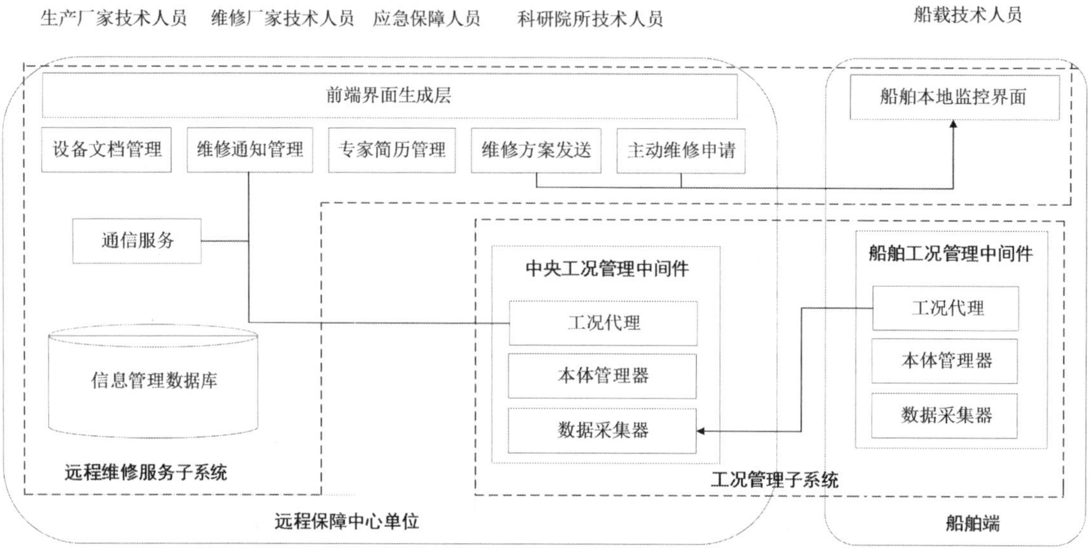

图 4-19 远程故障报警系统总体结构

远程维修服务子系统作为 Web 应用软件，采用 J2EE JSP/servlet 技术实现，设计模式为 MVC。

后端主要存储以下信息：设备基本资料、设备维修记录、设备维修计划、信号阈值、设备保障日志、专家基本信息、专家当前忙闲状态、船舶维修保障专家资源库等。

前端层主要由前端界面生成服务实现，根据系统用户使用的不同设备特性（包括分辨率、内存、CPU 处理能力、操作系统等）渲染相应的用户交互界面，支持的设备可以为 PC 机、平板电脑、手机或专用 PDA 等。

中间层实现远程维修服务子系统的各类服务业务逻辑，包括维修文档管理、通知管理、专家基本信息、消息发送、主动维修申请等，主要功能模块如下：

（1）设备文档管理：为岸基和船舶技术人员使用，技术人员通过它可以访问和修改设备维修记录文档，读写权限由用户角色指定。

（2）维修通知管理器：当中央服务器收到警报消息，该警报消息可由工况管理子系统自动触发，或由船载技术人员主动发出的维修申请触发，按照中央工况管理中间件指定的通知策略，通过各种通信手段，包括电子邮件短消息、微信或电话等，联系船舶维修保障人员参与故障处理。

（3）专家简历管理：不仅保存了船舶维修保障人员的专长和维修经历等基本信息，而且记录专家当前的忙闲状态，知识推理机在使用通知策略联系专家时可以避开当前没有空闲时间的专家。

（4）维修方案发送服务：岸基专家通过它向船舶技术人员发送维修保障建议。

（5）主动维修申请：船载技术人员遇到问题时，可通过它主动向岸上保障中心发出维修申请。

（6）通信管理服务：远程维修服务子系统采用 Web 服务标准（SOAP 和 WSDL）与工况管理子系统等外部组件交互，底层数据库为 Mysql，为了支持短消息电子邮件等保障人员通知手段，通信管理服务需要实现短消息网关和 SMTP 协议。

工况管理子系统部署在两类节点上：

（1）船舶端工况管理器：它安装在船舶状态监测服务器上，通过部署在船舶不同测点位置的监测传感器采集设备及船舶环境数据，采集后的数据进行预处理，检测是否有异常情况发生。预处理过程主要包括：第 1 步，把采集数据加入设备和船舶本体实例中；第 2 步，规则推理机利用本体案例推导，如果发现异常情况，发出警报；第 3 步，通知岸基远程工况管理器。

（2）中央工况管理器布置在船舶远程保障中心，当收到船舶工况管理器发来的警报消息后，为了组成合适的专业保障人员团队，其工作流程如下：第 1 步，检测警报消息中发来的船舶故障情况和数据库中存储的当前保障人员的忙闲状态等；第 2 步，根据设备故障状态、专家忙闲情况以及触发的警报级别，创建相关的警报管理和专家管理本体实力；第 3 步，利用推理规则制定合适的通知策略，生成的通知策略发送到远程维修服务子系统，由其完成随后具体的通知工作。

船舶和岸基工况管理器都需要实现以下主要功能模块：

（1）工况数据采集：该模块支持两种数据采集方式，一是通过 SOAP 消息接收数据，但是两类工况管理器的数据来源不同，船舶工况管理器从支持 Web 服务的传感器中接收数据，中央工况管理器从船舶工况管理器发来的 SOAP 消息接收数据。二是通过传感适配器采集数据，主要应用于船舶工况管理器，从不支持 Web 服务的传感器中采集数据。

（2）基于知识库的工况知识库：它包括存储在数据库中的本体模型及其实例、基于规则的推理机以及规则文件，工况知识库可以基于 Jena 平台实现。

（3）工况代理：把工况数据分发至外部服务，当监测数据发生改变时，把改变的数据提交给订阅了该类型数据的应用软件。同时工况代理也支持请求/响应模式，通知/订阅和请求/响应模式都可以以 SOAP 消息交换方式实现。

在工况管理子系统内部，各个模块之间的信息交互以观察者（Observer）设计模式实现，即以事件/侦听方式实现，这种实现方式可以保证系统内部模块的松耦合性。中央和船舶工况管理器都可以以 J2EEWeb 应用程序方式实现，外部接口同样采用 Web 服务。

进一步描述系统的实现流程，图 4-20 描述了工况管理子系统的详细结构，图 4-21 为系统故障检测及警报管理流程。维修保障技术人员可以通过远程维修服务子系统接口访问或修改设备信息（步骤 1），特别是技术人员可以修改某船舶的监测配置参数，比如数据采集的调度频率或相关的报警阈值，例如技术人员可以指定监测设备每隔 10 分钟采集一次数据，当船舱温度超过 45°时，触发中级警报，远程维修服务子系统把控制命令发送到中央工况管理器，再由中央工况管理器转发至船舶工况管理器（步骤 2）。

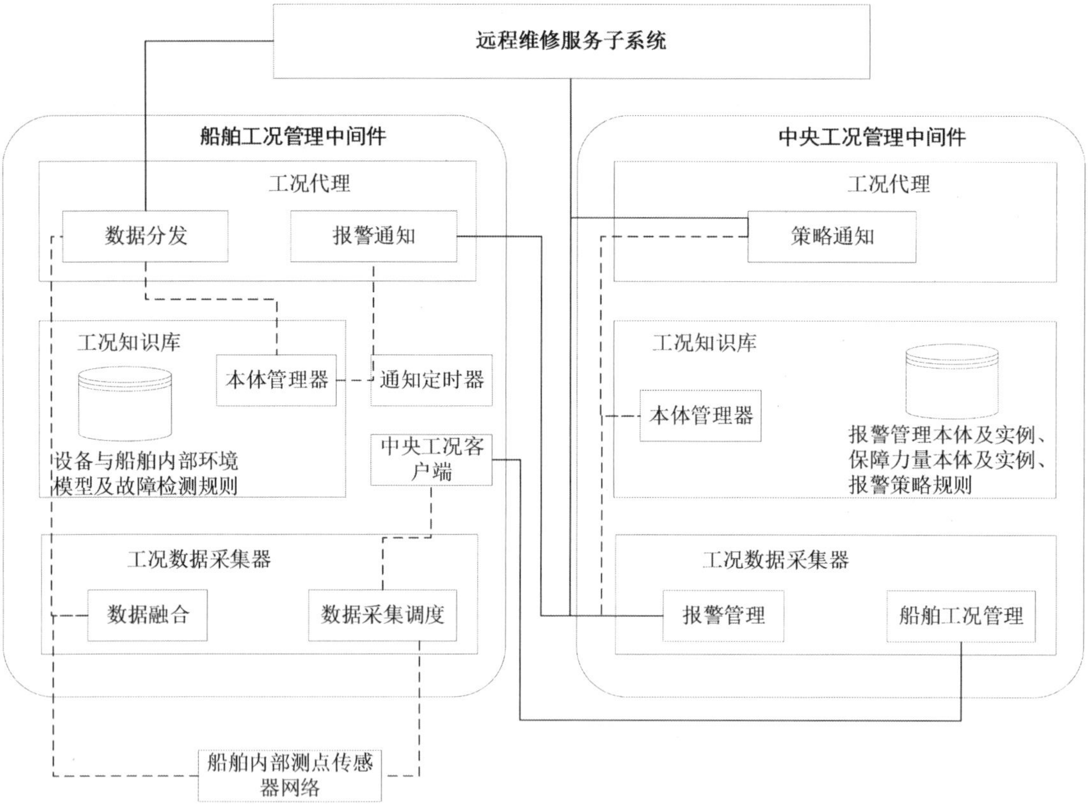

图 4-20　工况管理子系统详细结构图

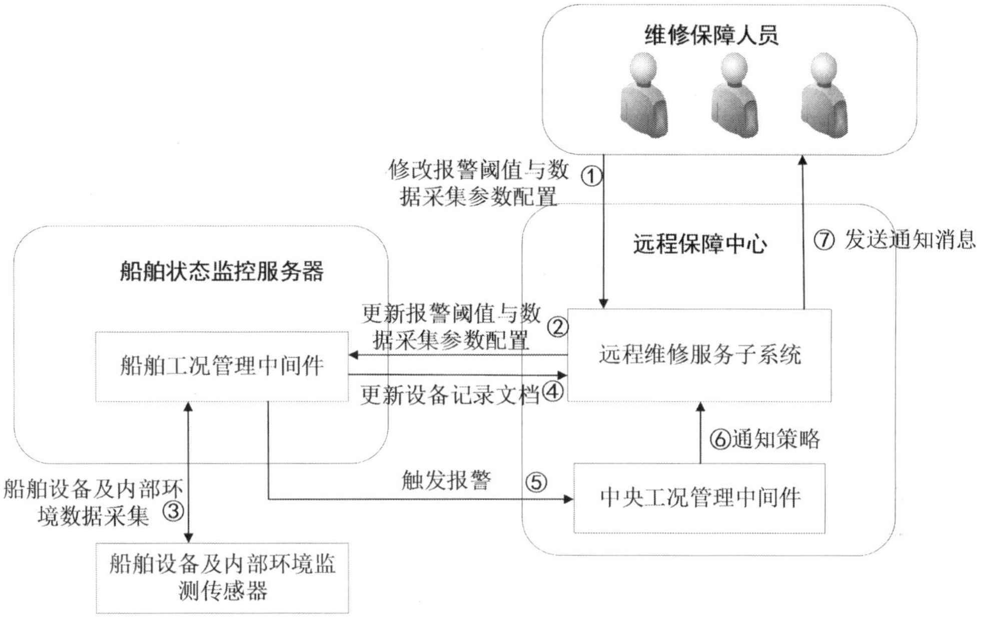

图 4-21　故障检测及报警管理流程

为了能够与远程维修服务子系统等外部软件交互采集频率或警报阈值等消息，中央工况管理器的船舶工况管理模块提供了一个 Web 服务接口，它可以被远程维修服务子系统调用，中央工况管理器为每一个受其管理的船舶工况管理器建立一个消息队列，从远程维修服务子系统发送来的消息都路由至目标船舶的消息队列，船舶工况管理器的中央工况客户端模块定期轮询中央工况管理器的船舶工况管理模块，查询是否有新的消息，这种周期性轮询既可以监测船舶工况管理器的操作，也可以诊断岸基和船舶工况管理器的连接是否正常。当有一段时间没有收到某船舶的周期性轮询，表明可能出现软件故障或通信中断，需要立即触发相应警报，应急资源小组收到警报通知后即开始解决。

船舶工况管理器的中央工况客户端分析接收到的消息内容并产生相应事件，例如调整采集频率的定时器事件。船舶工况管理器的数据采集调度模块负责执行新的定时器事件，根据定时器事件对象中的监测方案，数据采集调度模块分配相应的定时触发器以控制从传感器采集数据的频率（步骤 3）。

船舶工况管理器的数据融合模块提供一个功能调用的 Web 服务接口，传感器网络通过调用它发送新获取的采集数据，随后这些数据转送至工况代理的数据分发模块，数据分发模块再转发这些数据至远程维修服务子系统以便更新设备记录信息（步骤 4），同时也发送一份消息至工况知识库，以便修改设备和船舶环境本体实例，为了检测可能的故障并产生警报事件，基于规则的推理机利用知识库进行推理，例如如果发现船舱温度超过45°，中级警报自动触发船舶工况管理器的报警通知模块，通过调用中央工况管理器的报警管理模块，向中央工况管理器通知一个新的警报事件（步骤5）。

中央工况管理器的报警管理模块收到船舶工况管理器发来的警报后，把他们路由至本体管理器，创建故障通知策略。首先，他向知识库（报警管理本体和保障力量本体组成）插入新收到的实例数据，例如警报事件的属性值（包括设备代码和报警级别）和专家的更新信息（当前忙闲状态），随后规则推理机产生报警策略。中央工况管理器的策略通知模块把报警策略发送至远程维修服务子系统（步骤6），远程维修服务子系统依据报警策略向专家列表中的合适对象发送维修申请（步骤7）。

第5章　船舶远程诊断系统

5.1　问题描述

当船舶接收任务出航时，如果出现故障，且船载技术人员无法处理时，就需要与岸基技术专家或机构联系，以获取帮助，修复问题，这就是船舶远程诊断系统的工作目的。现有船舶故障诊断系统存在以下缺点：

（1）缺乏与岸基远程船舶保障中心的协同诊断支持。

（2）当前船舶设备类型繁多，制造厂家不同，导致数据格式不同和采集方式不同。

（3）船载各类信息系统也存在兼容问题，特别是设备维修决策支持系统的开放性与兼容性不够，这些都严重阻碍了远程诊断系统的开发应用。

（4）同时出于知识产权和保密性考虑，船舶生产和技术维修部门也不能保证公开它们的生产维修数据和方法。

5.2　系统设计与实现

系统结构层次如图5-1所示，包括网关、船载监测子系统、远程接入中心和远程支援中心。

船载监测子系统负责船舶端诊断维修，船载监测子系统结构如图5-2所示，基本组成包括：

（1）监测模块：负责从传感器接收被监控设备的状态数据，支持数字、文本、图片、视频或音频等多媒体数据。

（2）数据库：存储监测数据。

（3）本地辅助决策模块：当监测数据异常时，发出警报，并能给出维修建议。

（4）技术支持模块：当船舶技术人员无法解决故障时，通过远程无线通信手段向远程接入中心发出技术支持请求，也可以接收远程支援中心的指令，通过命令模块更改监测策略，监测策略包括设备监测周期、测量精度等。

（5）命令模块：向传感器发送控制指令，更改监测策略。

（6）记录模块：当一次维修结束后，把该次维修过程数据及对应设备监测数据存入数据库，其中维修过程信息包括故障原因、故障设备、解决方法、消耗的备品备件等。

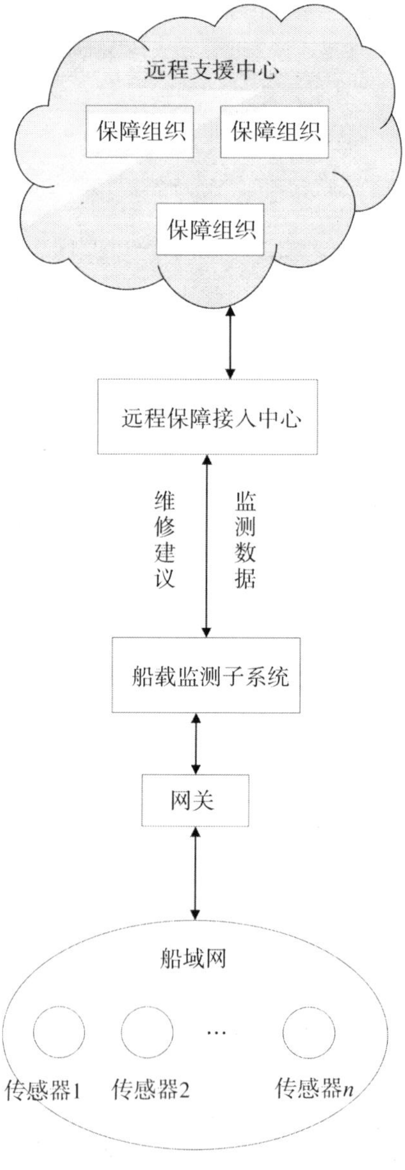

图 5-1　系统结构层次

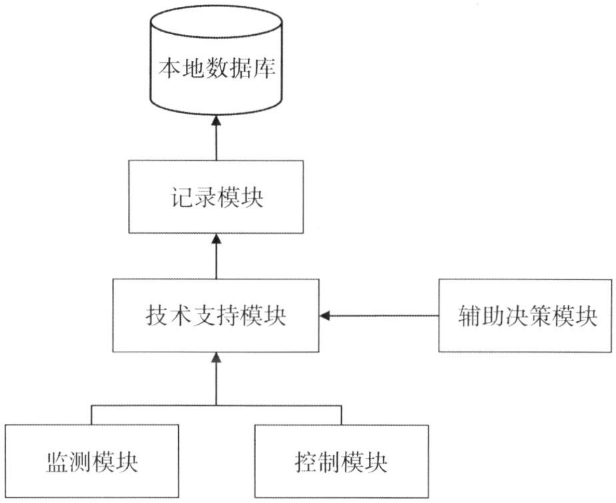

图 5-2　船载监测子系统结构

接入中心功能类似 400 呼叫中心，基本组成如下：

（1）任务分配模块：当有维修请求接入时，按照服务规则，把任务分配至一到多个支援中心。

（2）记录模块：当维修结束后，记录维修过程，类似本地记录模块。

（3）维修记录备份模块：当船舶靠岸后，把本地维修记录备份至接入中心数据库。

（4）分布式辅助维修子系统：船舶注册公司接到维修请求后，与接入中心协商维修协议后，转入远程维修模式。与船载辅助决策模块具有类似的知识模块，不同的是，它支持多家支援中心的决策支持软件协同解决故障问题。

支援中心负责岸基远程诊断维修，基本组成包括：

（1）专有的客户辅助决策软件：以 Web 服务方式实现，保存有非公开的船舶保障数据及故障诊断算法，它们从属于船舶总体制造公司、船载设备制造公司或科研院所等机构。

（2）白板软件和视频会议软件：与船上技术人员交互，指导其诊断维修。

（3）远程连接管理模块：与船载监测子系统交互，接收其发送的监测数据。

（4）监测配置模块：与船载监测子系统交互，把支援中心专家的维修方案发送至船载监测子系统，配置船舶设备传感器的监测策略。

（5）决策支持平台：由知识库组成。

支援中心决策支持平台知识库中每一条知识项包括：

（1）说明模块：对该条知识的说明，包括版本号、作者名、关键字、知识名称、技术说明、参考文献、使用方式等。

（2）输入输出模块：定义了使用该条知识所需的数据。

①设备描述：包括设备名称、设备描述、型号、出厂日期、维修次数等。

②监测数据：包括所需要的监测活动类型、监测活动代码、历史监测数据的回退时

间、监测设备的精度要求，关联监测活动等，如果一条知识模块需要另一条知识模块的输出结果，也要包括先期知识模块名称。

③输出结果描述：定义了返回给用户的结果信息。

（3）逻辑推理模块：对输入输出模块的输入数据进行计算推导，输出维修建议，逻辑推理模块以执行文件形式保存。

当支援中心生成维修建议后，以 xml 格式返回给用户，其 Schema 包括：

①维修起始时间；

②维修步骤；

③所需备件类型及数量；

④结果评估：用于判断该次维修是否成功，包括在某一时间段内，设备测量结果是否达到指定范围要求。

维修方案 XML Schema 结构如图 5-3 所示。

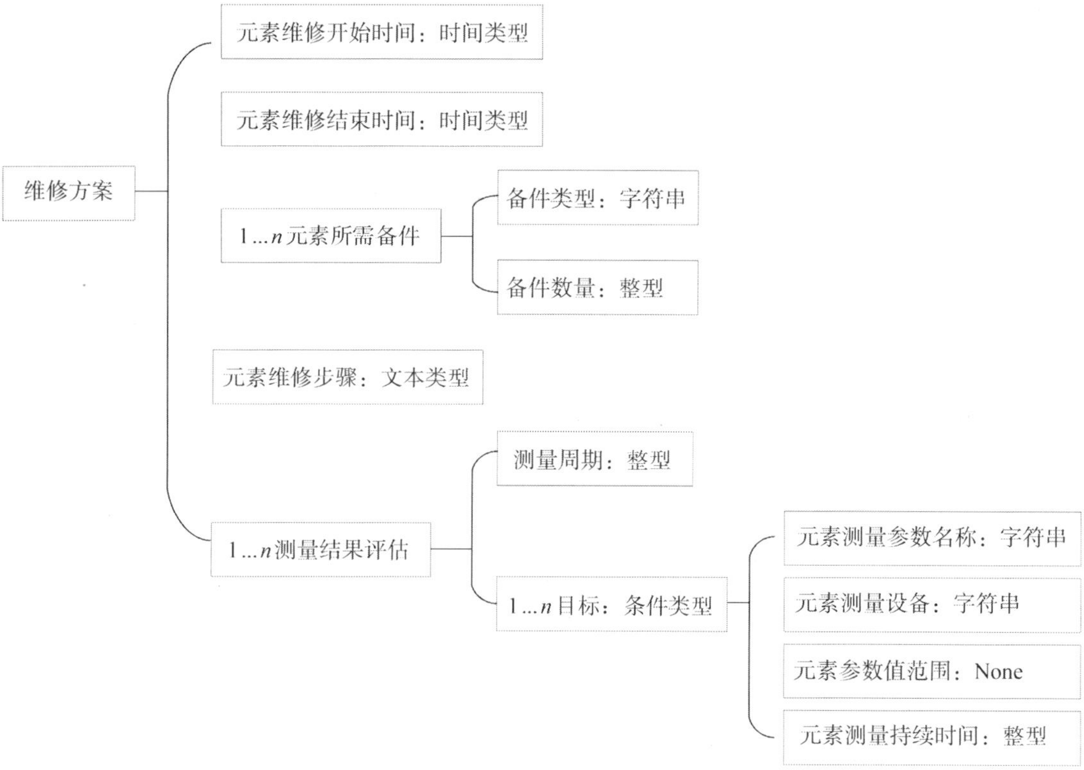

图 5-3　维修方案 XML Schema 结构

支援中心的专家可以根据诊断需要，向船舶监测子系统发送监测规则，通过改变船舶设备的监测模式采集存储更加精确的设备数据，监测规则包括被测量单元及对应的行为，后者表示如果被测量设备发生异常时需要采取的行为，包括向船舶技术人员发出警告、改变测量模式或记录至数据库等活动。监测规则方案 XML Schema 结构如图 5-4 所示。

船载监测子系统、接入中心和支援中心的软件开发可采用 JAX-WS（Java API for XML Web Services）开发，它通过自动生成的通信桩（Stubs）与后端系统交互。

可采用 kXML 工具包作为数据的序列化工具，它可以根据 XML Schema 来解析交互的数据文件，包括维修建议和监测数据等。

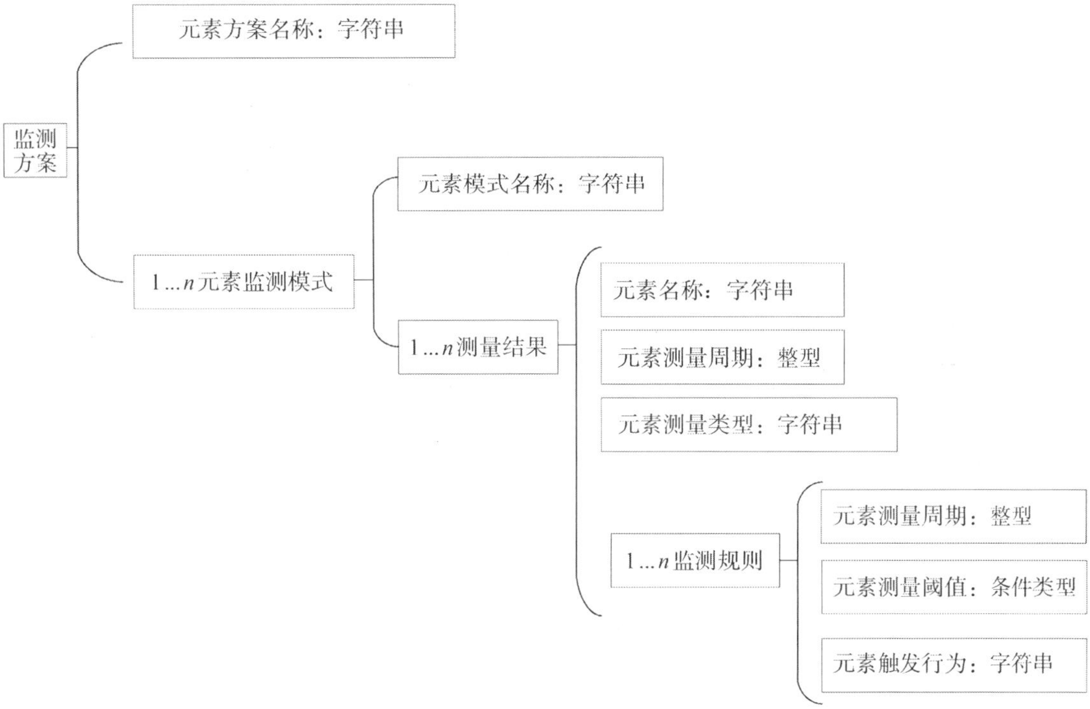

图 5-4　监测方案 XML Schema 结构

船载监测子系统与接入中心可以通过短消息形式交互，可采用 JAX-WS 无线消息 API 自带的 Java push 注册机制开发，它可以在条件满足时自动触发短消息服务，从而实现接入中心与船载监测子系统的交互。

对于后端系统可安装 Apache tomcat 作为 Web 服务器，同时安装 Apache axis 2 作为 Web 服务引擎，并安装源代码开放的短消息网关（SMStools）实现短消息的转发服务。为了保证远程无线网络的高可用性，接入中心可以开发 SMS 确认机制，定期发送短消息至船载监测子系统，并等待船载监测子系统的短消息服务应答。

当远程支援中心接收到远程接入中心的请求后，可通过远程连接管理服务，以短消息形式向船载监测子系统发送连接请求，获取当前船舶可用的传感器基本信息，并通过船载监测子系统的用户界面，向船舶技术人员咨询船舶当前工作状态及传感器连接的设备工况，根据返回的结果，从数据库中检索预定义的维修方案和监测方案，在此基础上调整形成维修建议，接着通过远程连接管理服务，以短消息形式发送至船载监测子系统的控制模块，并启动相关监测服务接口，获取传感数据或设置监测模式等。船载技术人员的汇报信息和传感器采集的设备工况数据，以 SOAP（简单对象访问协议）形式发送至支援中心，当监测数据超过预定义规则的定义时，发送警告，如图 5-5 所示。执行监测方案序列图如图 5-6 所示。

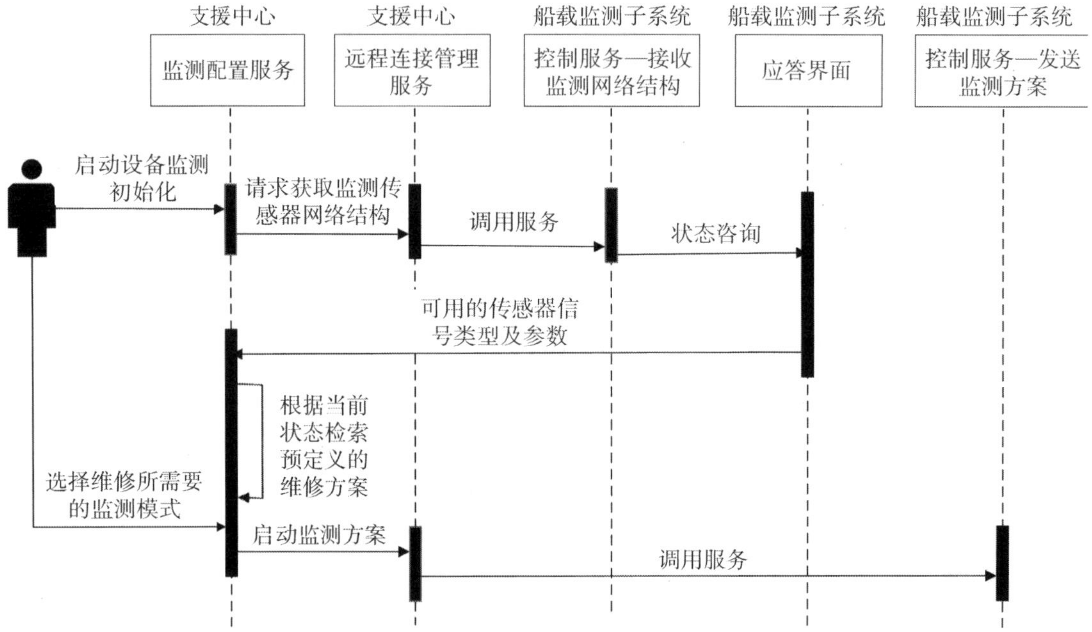

图 5-5　启动监测方案序列图

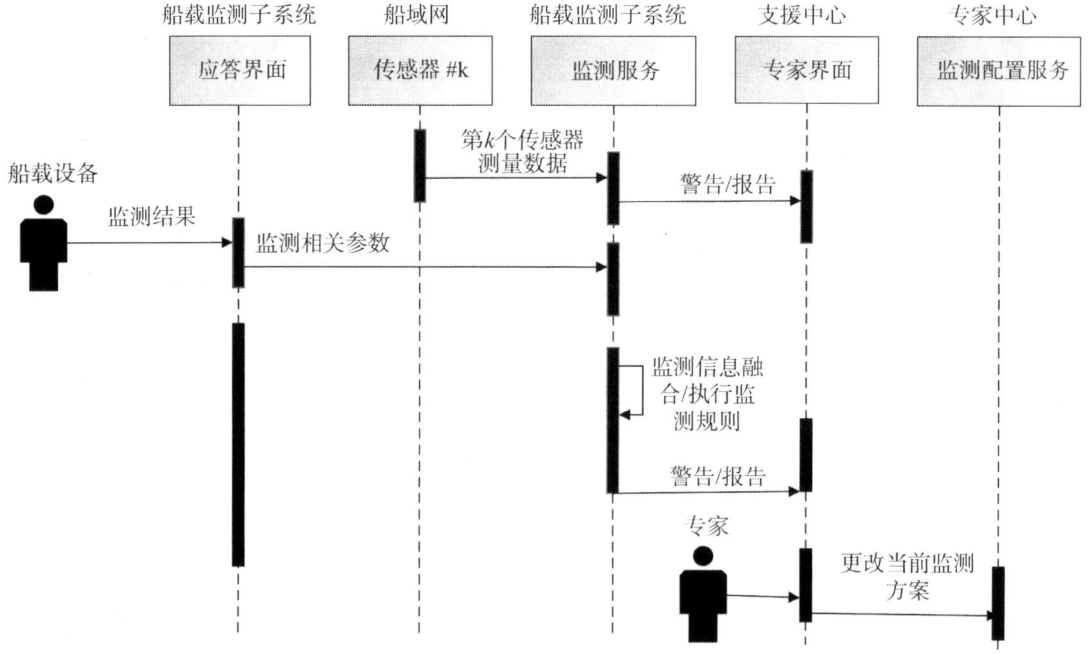

图 5-6　执行监测方案序列图

当船舶技术人员发出远程维修请求后，支援中心专家首先确定合适的维修方案、预期维修结果及相应的监测方案；其次指定需要记录的监测数据和工况；随后支援中心联系船载监测子系统，获取监测到的采样数据，并显示到专家界面；同时远程专家也可以通过用户界面和白板软件与船舶技术人员直接交互，得到传感器无法自动获取的信息。当监测数据超出监测规则定义的正常范围时发出警告。另外，监测规则还可以指定需要发送至远程专家界面的数据。

如果维修方案实施后观察到的监测数据与预期结果不符合时，需要专家进行进一步分析，必要时调整维修方案及监测模式。例如维修方案的预期结果部分指定了某型柴油机的噪声数据阈值及监测周期，如果实测数据超过阈值，则向远程专家发出警告信息，由其调整维修方案及监测方案，比如增加对转速指标的测量。再比如，对于噪声监测可指定两种模式："正常"和"加强"模式。正常模式采样周期为 10 s，加强模式采样周期为 2 s，规则可定义如下：当噪声值大于 100 dB，船载监测子系统转至加强模式。另一条规则定义，在加强模式下测量，如果噪声值多次（比如 5 次）超过 120 dB，则记录数据，并向远程专家发送警告信息，而如果噪声值在多次测量周期内没有超过 120 dB 则终止加强模式，并转至正常模式。对于没有装备传感器的设备可以预先设置需要咨询的问题，当发送故障时显示至船载监测子系统的用户界面，由船舶技术人员应答，并把应答结果发送至远程专家。当维修结束后，船载监测子系统生成维修报告，记录维修过程、维修结果以及后期需要采取的保障方案。

决策支持平台活动图如图 5-7 所示。其中描述模块和输入输出模块可以利用微软 Infopath 软件编辑，该软件提供了强大的术语支持，可以帮助用户在描述同一概念的多个习惯用语中选择一个统一的术语。逻辑推理模块可以直接编译 Java 代码，并提供一个通用的数据缓存函数，供每一个知识推理程序调用，例如，如果一个推理程序需要某型设备过去 12 个月的监测数据，该模块可以在运行时自动生成数组以缓存数据库中提取的监测数据。辅助管理模块提供辅助管理服务。包括：

（1）检索服务：检索满足用户搜索词的知识库模块。

（2）说明服务：该服务描述指定知识模块的使用说明，包括输入参数和输出结果的说明。

（3）封装服务：把船载监测子系统传来的参数封装成 XML 格式的输入数据。

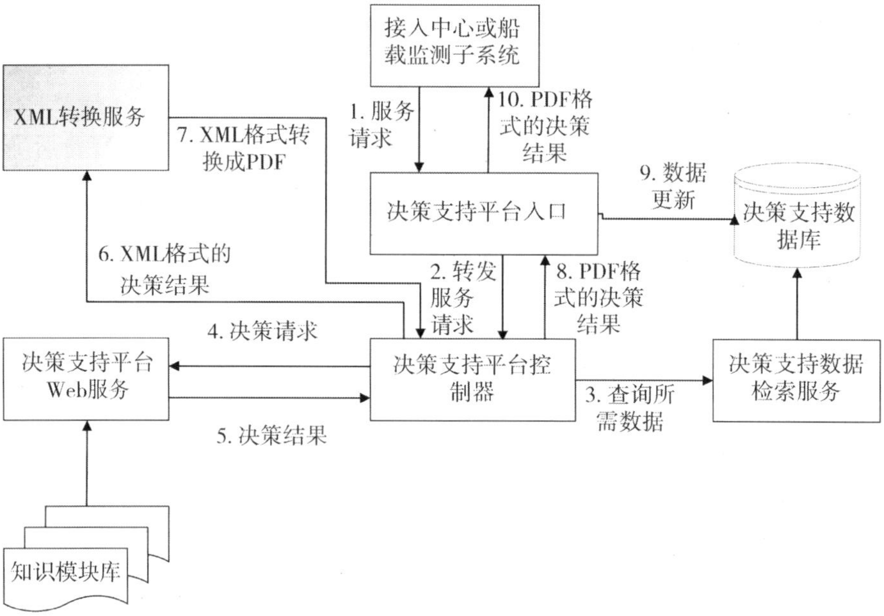

图 5-7　决策支持平台活动图

决策支持平台工作步骤描述如下：

第 1 步：根据船载监测子系统的维修请求，搜索匹配该应用需求的知识模块集。

第 2 步：确认船载监测子系统的用户具有访问知识模块所需数据的访问权限。

第 3 步：调用相应知识模块生成决策结果。

第 4 步：综合决策结果并反馈给船载监测子系统。

第 6 章　船舶远程数据监控系统

6.1　问题描述

随着设备状态监控及传感器网络技术的发展，船舶日常工况监控及远程故障支援的支撑技术也日益成熟，并为船舶计划性维修及基于状态的维修提供了技术保障。近年来，在船舶远程故障诊断及维修方面，也有不少研究成果，这些研究严格来讲可以分为三大类：船舶维修信息管理系统、船舶数据传输系统、船舶状态监测系统。第 1 类船舶维修信息管理系统能够收集、存储和共享维修方案、故障数据以及船舶相关信息，但大多数这样的系统相互不兼容。第 2 类船舶数据传输系统能够测量并传输船舶状态信息，但实时的信息收集和传输还存在问题尚待解决。第 3 类状态监测系统能够监测船舶重要设备的工作状态，并以数据流音视频、文本、二进制数据等格式保存处理，这些信息对于船舶故障预测与诊断具有重要作用，其中故障报警机制还是当前研究的重点。

6.2　总体设计

架构设计层面："数据监控系统"依据面向对象设计模式，依托高性能、高扩展的 Web 微服务框架 Spring Boot、React Web Application 和 Spring microservices 进行架构。其中基于 Liquibase 做数据库管理、Spring Data JPA 和 MyBatis 做数据持久化，更好地扩展和管理了数据之间的消息通信，基于 Spring MVC REST 和 Jackson 做 Web 接口，很好地规避了前端代码和后端代码的耦合，基于 Spring Security 保证接口安全，对系统登录认证、身份验证、接口调用有更好的控制和扩展，基于 hazelcast 做数据缓存，提高页面访问效率。

数据模型设计层面：“数据监控系统”数据模型的设计严格按照行内专业的设计范式进行，去除了强关联关系，使整个数据模型能够应对可变的需求变更、业务变更。接口设计层面：考虑到“数据监控系统”需要集成的子系统较多，接口设计主要从业务流程交互以及数据交互上进行多方位权衡设计，该设计方法使得各子系统、各接口之间能够相对独立访问、独立运行，保证了整个系统平台的可扩展性。

易用性设计层面：“数据监控系统”交互、UI采用扁平化风格方式进行设计，降低了系统的使用学习成本，同时在功能交互、导航交互上做到了简单直观、清晰明了、实用。

针对船舶设备实际运行过程中，需要定期或不定期进行设备的监（检）测任务（如油样化验、光谱分析、振动测量等），提供设备监（检）测工程任务管理功能，包括任务的创建、审批和监测结果（第三方提供的分析报告）的录入和数据对比等功能。其总体流程及组成如图6-1所示。

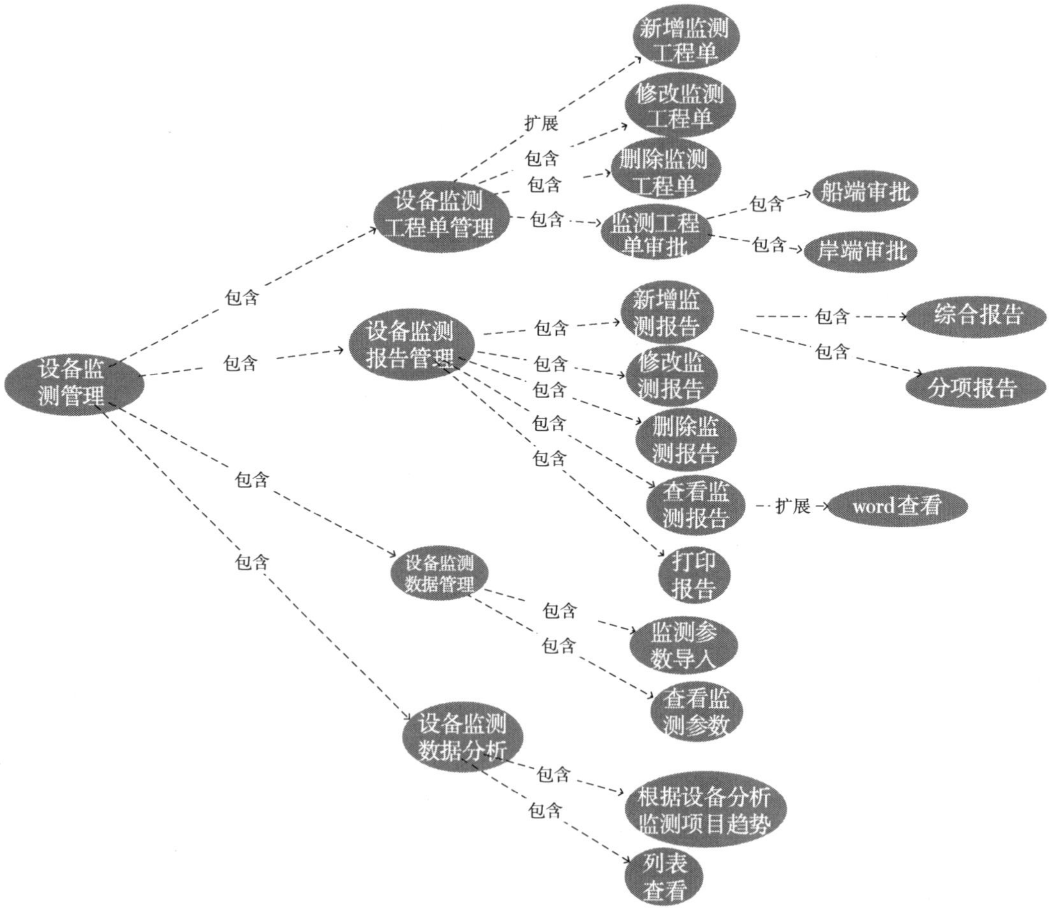

图6-1　监检测工程管理模块总体流程及内容

“数据监控系统”船员级部署于安卓平台，监控台部署于 PC 端，考虑到船舶与监控台之间网络联通情况，重点对网络不联通情况下的数据同步进行了功能设计。离线数据同步基于数据库增量日志解析，准实时同步到船上服务器、中心机房或船上多终端的 mysql 数据库，其基本思路为采用分布式数据库同步系统、典型管理系统构架，管理节点（manager）基于 Zookeeper 构建分布式体系调度 MySQL 的 binlog 同步器（canal），实现同步节点（node）之间数据同步，如图 6-2 所示。即通过 Select 模块串行获取 canal 的批数据，每批次获取的数据赋予一个全局标识 processId；Select 模块获取到数据后，将其传递给后续的 ETL 模型（E 和 T 模块为并行处理），将数据传递到 Load 时，根据每批数据对应的 processId，按照顺序进行串行加载。（比如有一个 processId = 2 的数据先到了 Load 模块，但会阻塞等 processId = 1 的数据 Load 完成后才会被执行）；Select/Load 模块采用串行机制来保证 binlog 处理的顺序性，而 Extract/Transform 采用并行方式，加速传输效率，如图 6-3 所示。

为了分析实际应用中采集数据的需求，我们调研了船舶设备监测相关的测量项目和测量参数，具体内容如表 6-1 所示。该表列出了 8 大类测量项目及其相关的需要记录的部分测量参数。

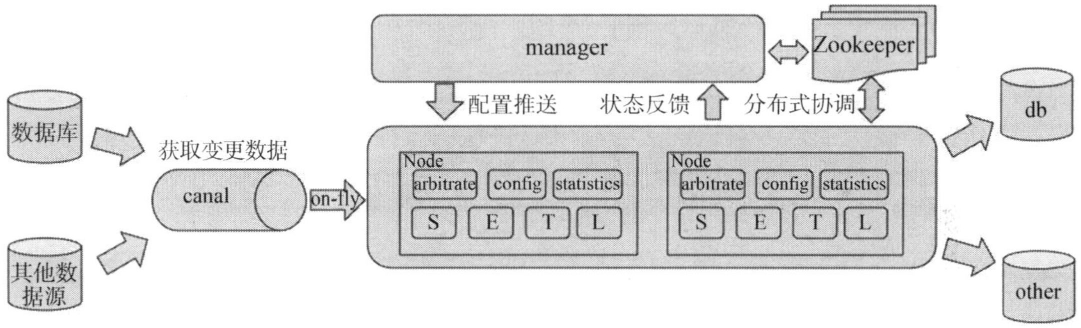

图 6-2　数据同步技术设计

表 6-1　船舶采集内容样例表

测量项目	测量参数（部分）
油液监测	油液理化性能（水分、闪点、运动黏度、总酸值、总碱值）、铁谱分析（磨粒平均尺寸、磨粒最大尺寸、浓度）
振动测量	位移、速度、加速度；峰峰值、有效值、峰值
噪声监测	声强、声压、声谱
红外测温	温度、红外成像
无损检测	裂纹尺寸和数量、腐蚀孔的深度和数量、磨损等，材质构件的厚度
电气设备检测	倍频值、电感、电阻、绝缘、相角和阻抗，电流、电压及频谱，励磁电压、电流及频谱
热工参数检测	滑油压力、温度、转速
腐蚀检测	船体电位，水质的硬度、碱度、pH 值、氯化物、溶解氧、磷酸盐、电导率及含盐量

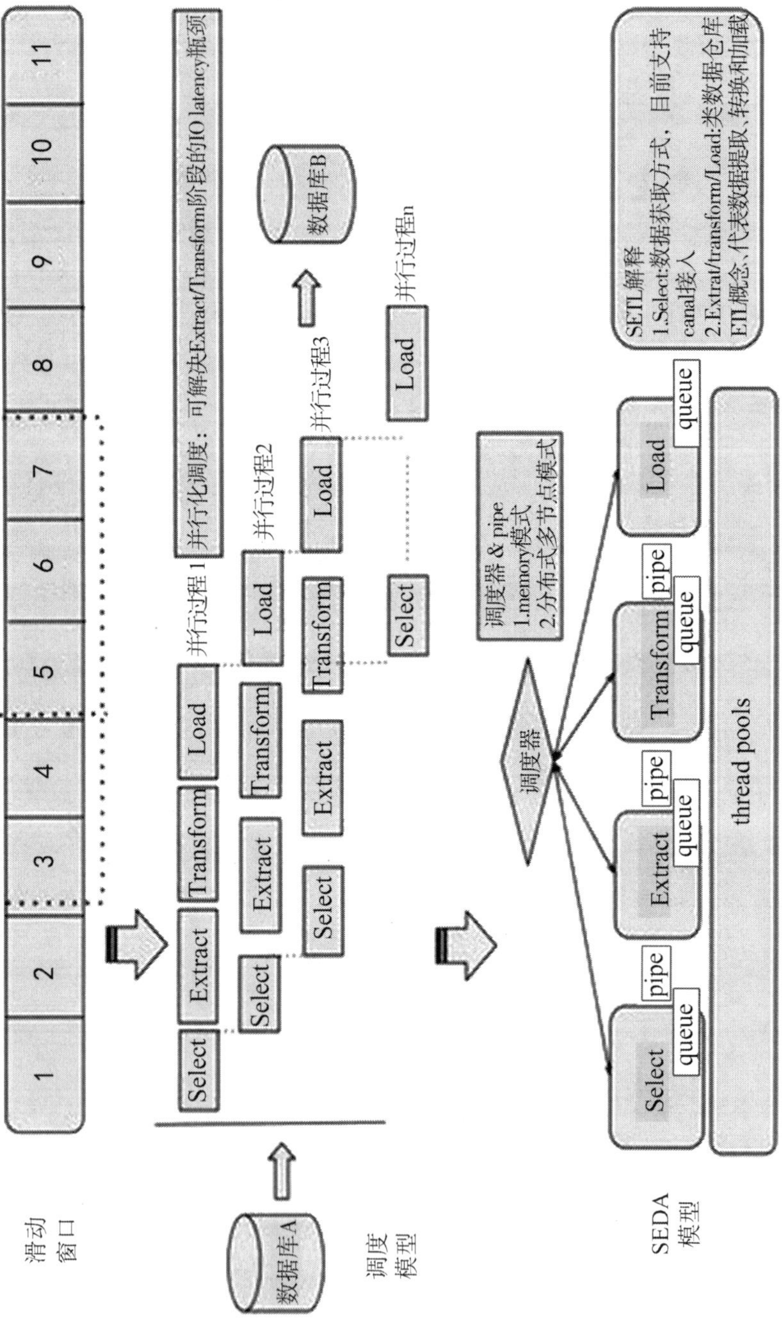

图6-3　网络不联通条件下异地数据同步机制

这类参数的传统记录方法是按照不同的测量项目，手工填写测量参数到纸质表格中。为了与传统用户习惯尽量保持一致，同时发挥平板电脑的优势，采集程序需要采用如图 6-4 所示的方式。以油液监测和振动测量的参数采集为例，每个测量项目为一个采集页面，每个采集参数为一行，控件的类型可以是日期、文本、数值等，控件的名称为采集参数的名称。

图 6-4　样例程序运行界面

上述功能的实现，需要可视化定制工具，其具有以下功能：

（1）支持采集内容（测量参数）分组录入，每组一个页面；

（2）支持数值、文本、图片、视频等不同类型控件；

（3）支持对控件的属性进行定制，如数值的范围、选项的列表等；

（4）支持通过拖拽式控件定制方式。

为了更清晰地描述上述需求，本项目绘制了两个主要界面图，分别是图 6-5 页面控件定制界面和图6-6 控件属性定制界面。图 6-5 页面控件定制界面中，上部是一组页面操作按钮，包括保存、取消、添加页面、结构树、帮助等，主要用来添加新的页面，并保存；下部的左侧是页面的结构树展示，其第一级节点是各个页面，如第一页、第二页等，其中每一页又由多个定制的采集内容组成，如图中的第一项、第二项；下部的中间是采集内容的控件显示区域；下部的右侧是控件库，包含文本框、下拉框、点选、勾选、时间、日期、图片、视频等，用户通过拖拽控件到中间部分的方式来添加采集内容。图6-6控件属性定制界面中，双击某个控件后，会显示该页面。该页面可用来设定每个采集内容更详细的属性，如采集内容的类型是文本还是数值，数值的最大最小值、默认值等一系列属性。这类属性将控制最终的移动应用程序来对输入进行检查和约束。

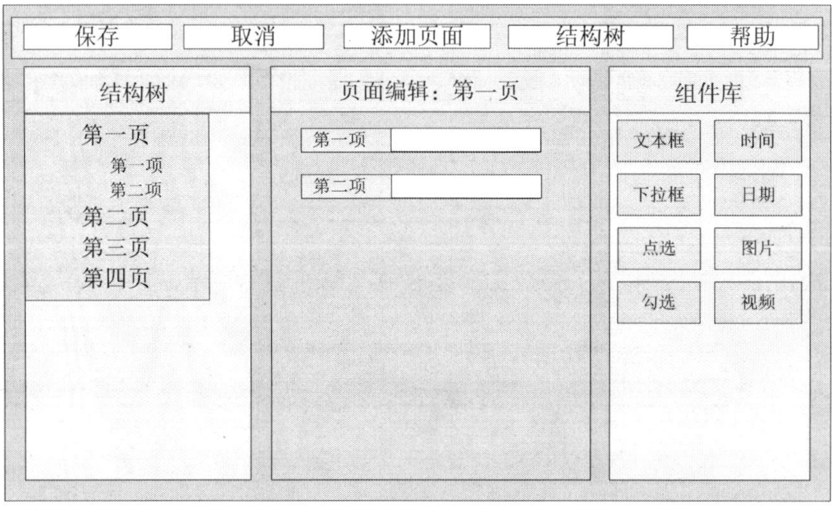

图 6-5　页面控件定制界面

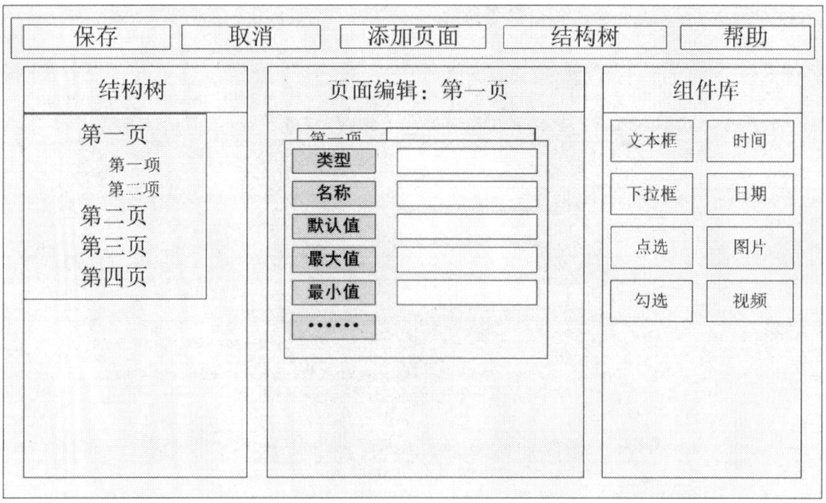

图 6-6　控件属性定制界面

6.3　系统设计与实现

系统采取三层架构，分别为船舶接入端层、服务平台层和数据库层。系统架构如图 6-7 所示。船舶接入端不仅使用各种服务采集处理船舶设备数据，而且能够从服务器推拉多媒体信息，利用定制多播协议和内容聚合协议把信息推至需要监测数据的远程专业技术人员。

船舶接入端可以从维修应用软件接收远程专家发来的故障查询申请、维修建议以及备品备件更新消息。它作为船舶船域网节点运行，能够采集船载监控设备的数据，采用 SOAP 协议封装后传输上传到服务器节点上。为了实现机密性，不同的用户 ID 具有不同的数据访问优先级别，利用安全套接字层协议（SSL）加密数据传输，利用公钥/私钥对和一个随机生成的对称密钥加紧密服务器/与客户端之间传输的数据。船舶接入端的功能模块主要包括：

（1）定制服务模块：根据用户要求设计，包括备件管理、维修建议、故障现象咨询、设备参数配置、报警参数设置、维修进度发布、紧急救援服务、维修记录查询、RSS 监测服务等模块，当船舶接入端登录系统后，系统利用 RSS 服务把以上信息从服务器上推送至接入端。

（2）异构网络集成服务：船舶接入端既支持船域网或工业总线标准以便从监控设备中采集数据，也支持 4G 或卫星网通信以便同远程服务器平台沟通，船舶接入端不仅能够支持不同的远程网络协议，而且能够从中选择通信质量最好的网络信道进行数据传输。

（3）实时多媒体传输服务：船舶接入端支持利用 Web 服务进行文本、音频、视频、文本文件、二进制数据流等的传输，对于重要的消息，更可以利用服务器平台的内容聚合技术和定制多播服务传输给相关技术专家。

（4）专用服务模块：它用于增强系统性能，其中技术方案模块接收显示远程专家传来的检测建议、备件更换指导、设备参数配置等，网络服务模块提供网络支持服务，包括维修进度发布、维修知识课程和应急服务等，同步模块负责同步本地数据库与服务器数据库之间的数据同步。

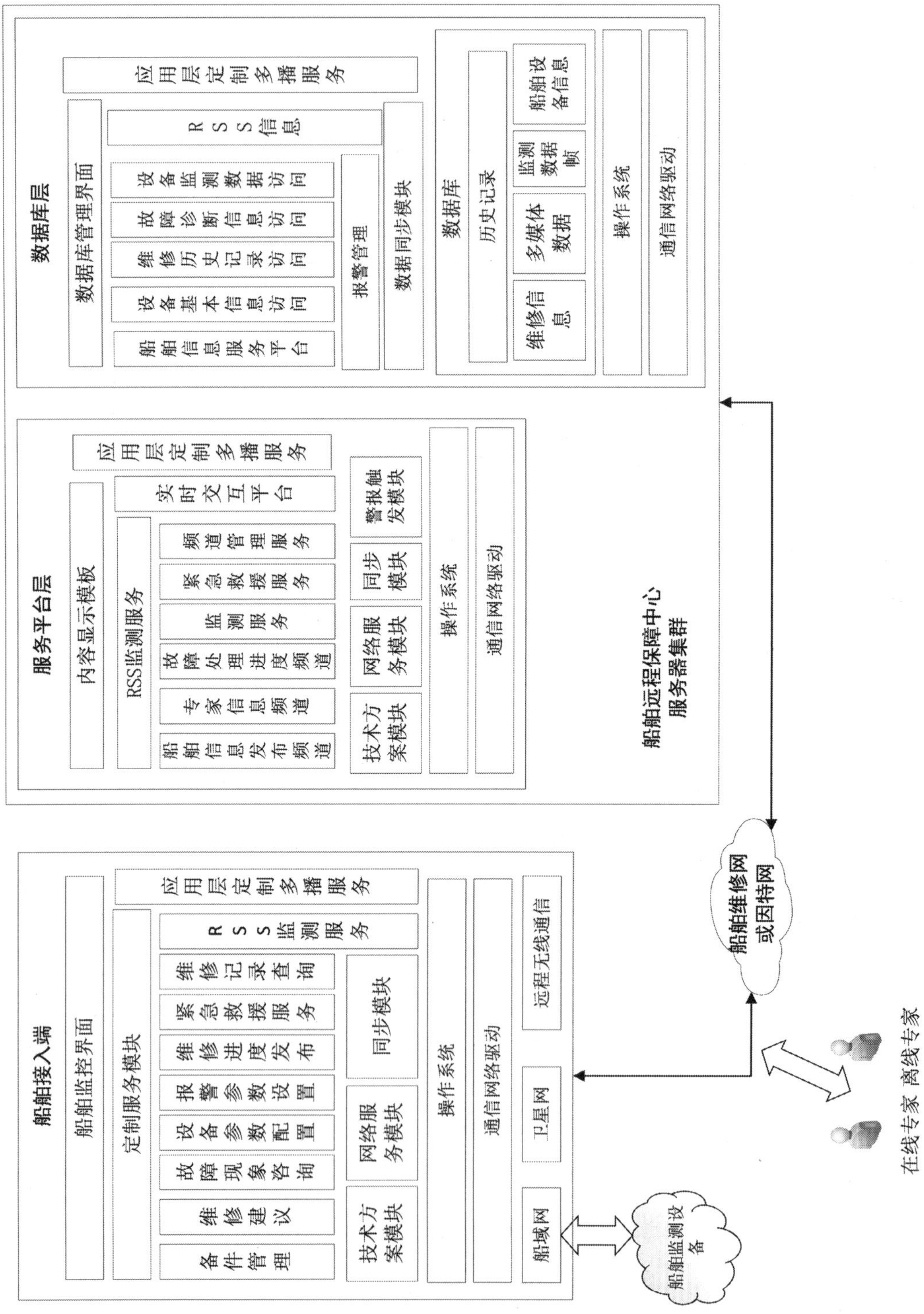
数据库层
应用层定制多播服务
数据库管理界面
RSS信息
设备监测数据访问
故障诊断信息访问
维修历史记录访问
设备基本信息访问
船舶信息服务平台
报警管理
数据同步模块
数据库
历史记录
船舶设备信息
监测数据帧
多媒体数据
维修信息
操作系统
通信网络驱动
服务平台层
应用层定制多播服务
内容显示模板
实时交互平台
RSS监测服务
频道管理服务
紧急救援服务
监测服务
故障处理进度频道
专家信息频道
船舶信息发布频道
警报触发模块
同步模块
网络服务模块
技术方案模块
操作系统
通信网络驱动
船舶远程保障中心服务器集群
船舶接入端
船舶监控界面
应用层定制多播服务
定制服务模块
RSS监测服务
维修记录查询
紧急救援服务
维修进度发布
报警参数设置
设备参数配置
故障现象咨询
维修建议
备件管理
同步模块
网络服务模块
技术方案模块
操作系统
通信网络驱动
远程无线通信
卫星网
船域网
船舶监测设备
船舶维修网或因特网
在线专家 离线专家

图6-7 系统架构

服务平台端功能模块包括：

（1）内容显示模板定制专家界面的显示内容，包括船舶当前状态监测和维修进度等，数据来源可以是维修系统内部的服务接口，或者是其他系统的公用访问接口。

（2）基于监控数据的内容聚合服务发布最新的船舶设备状态信息，如图 6-8 所示，远程专家作为内容订阅者，通过该服务实时收到最新信息，除了包括船舶的状态信息，还包括专家在线信息、当前所有故障诊断进程以及紧急救援服务进程。其中船舶状态信息的处理流程为：船舶接入端发送数据采集请求至数据采集器，数据采集器从船舶监测设备收集新的监测数据，并把监测数据返回给接入端，接入端再把这些信息发送至服务端的内容聚合服务。内容聚合服务以 RSS 文件的形式聚合各种船舶维修信息频道。

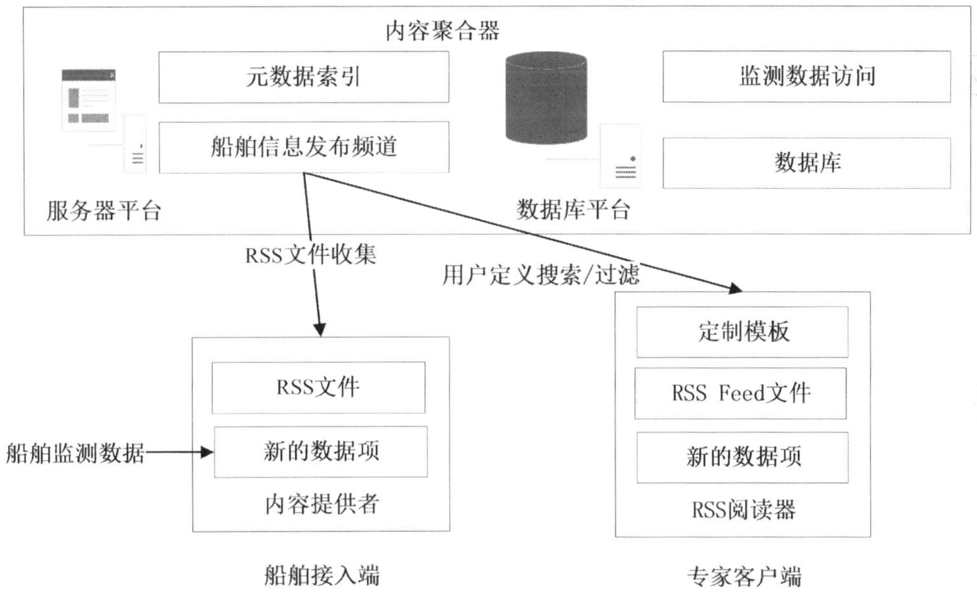

图 6-8　内容聚合服务框架结构

（3）专家实时交互平台支持专家的各种交互服务，专家之间能够通过文本、图片和音视频等多种形式相互通信，还能与其他专家进行在线讨论。

（4）定制多播服务能够在各类远程专家之间建立服务组，并支持组内广播通信。

尽管内容聚合能够把最近消息发送至所有订阅者，但它缺少一种过滤机制，定制多播服务弥补了内容聚合服务的弱点，它能够在组内成员之间传输订阅信息，而且能够当应急求助服务激发时，保证船舶得到立即帮助。定制多播服务能够建立服务组，按照船舶故障处理要求，挑选不同领域专家成为服务组成员，保障他们能够及时获得该船舶的故障信息。

以下三种情况可能会触发定制多播服务：

①设备监控数据异常；

②监控设备自动报警；

③船上技术人员求助。

当定制多播服务被触发后，首先从在线专家库中选择最为适合这次维修任务的专家成员形成服务组，并把故障数据及相关档案文件发送给组内成员。

数据库层负责存储、共享、集成船舶设备信息，这些信息可能包括图像、监测数据流、音视频等多种类型格式。通过同步模块保证以上所有信息能够在服务层、数据库层和船舶接入端之间保持同步。其中报警管理模块负责管理报警消息和定制多播服务，当故障诊断算法或关联分析算法，发现存储的数据出现异常时发出警报，报警管理模块能及时触发定制多播服务，通知各个专家参加技术保障。

三个平台（系统层）之间的数据传输以 XML 格式，通过 SOAP 和 SSL 协议进行加密传输。

进一步描述定制多播服务的工作流程。根据研究领域和专长的不同，把系统中技术专家分为 m 组，每一组有 n_m 个候选专家，定制多播协议负责从 m 个专家组中挑选 x 个符合本次故障诊断的专家会诊，应用场景如图 6-9 所示，定制多播服务的执行步骤如下：

（1）系统共有 n 个专家。

（2）根据专家特长和研究领域等属性分成 m 组。

（3）船舶技术人员或船舶在线监控系统报警，触发定制多播服务，它根据故障会诊需求，从 m 组专家中选择 x 个会诊专家。

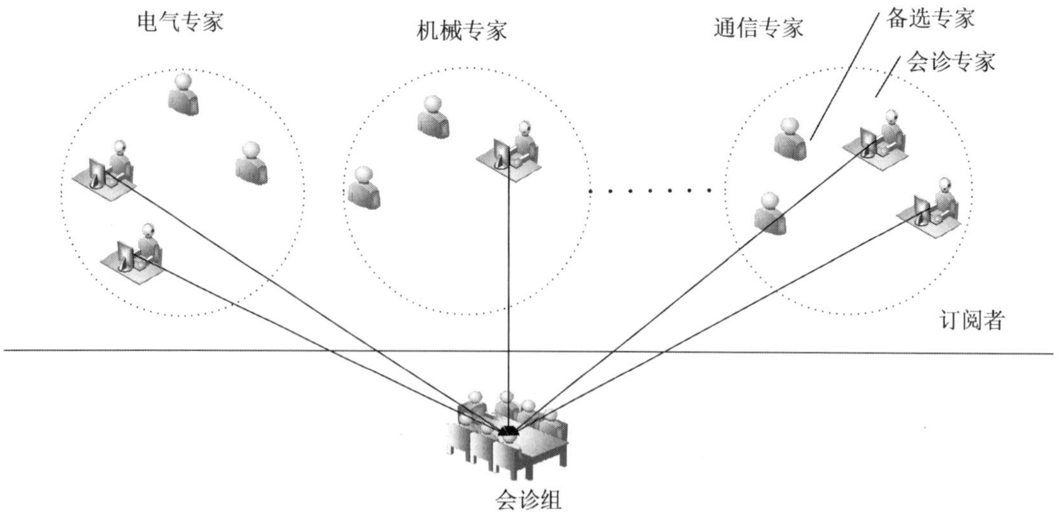

图 6-9　定制多播服务应用场景

（4）会诊专家进入视频会议室，讨论故障情况，得出维修方案。定制多播服务流程图如图 6-10 所示，定制多播服务状态图如图 6-11 所示。下面进行详细描述。

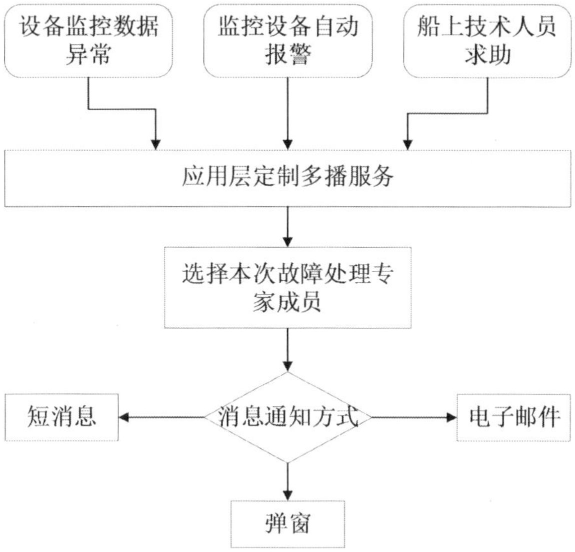

图 6-10 定制多播服务流程图

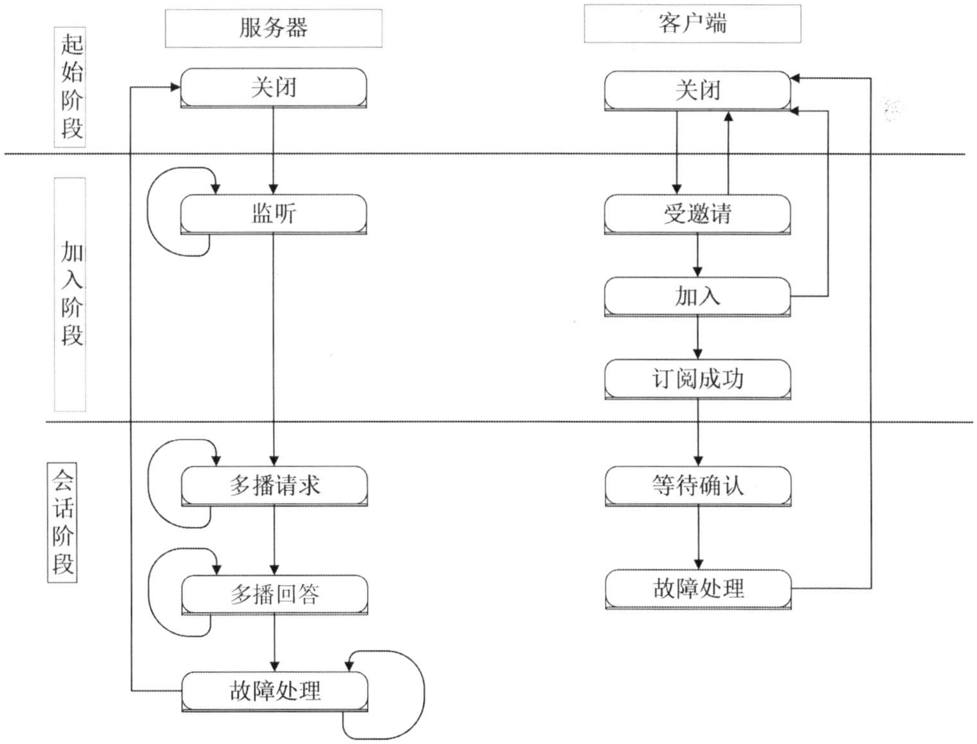

图 6-11 定制多播服务状态图

定制多播协议包括起始、加入、会话三个阶段。其中起始阶段包括初始化与关闭服务状态，加入阶段包括监听服务状态，会话阶段包括多播请求、多播回答和故障处理服务状态。

（1）初始化状态。

该步骤初始化服务，并启动服务器和所有专家客户端，服务器初始状态为关闭，当服务器收到应用层某用户发来的“启动会话”消息后，服务器向所有在线专家广播“会话邀请”消息，服务器状态从“关闭”转移到“监听”。专家客户端初始状态为关闭，当客户端收到“会话邀请”消息后，把该消息转发到应用层，显示给用户选择是否参加，这时客户机状态从“关闭”转移到“受邀请”，如果用户同意参加本次故障处理，则向服务器发送“加入申请”消息，客户端状态从“受邀请”转移到“加入”，否则用户向服务器发送“不参加邀请”消息，客户端状态从“受邀请”转移到“关闭”。如果服务器已经处于“会话”状态，那么客户端发来的所有的“加入申请”消息，都将被服务器否决，服务器将向客户发送“否决加入”消息。

（2）监听状态。

当服务器收到客户机发来的“加入申请”消息后，登记客户端 ID 号，并向客户端回传“加入确认”消息并等待其他的客户机加入。当客户机收到“加入确认”消息后，客户机状态从“加入”转移到“订阅成功”。

（3）多播请求状态。

该状态触发定制多播协议，设置故障处理所要求的专业特长。当某事件触发了多播服务时，用户程序发出“启动多播服务”消息给服务器，该消息包含了本次故障处理所需要的条件，比如每个领域专家的数量以及可能所需时间等。这时服务器状态从“监听”转移到“多播请求”。服务器广播“条件要求”消息至每一个专家组，该消息包含对某专家组的条件要求。当客户机收到“条件要求”消息后，如果该专家符合要求则回传“条件满足”消息，服务器状态从“订阅成功”转移到“等待确认”。

（4）多播回答状态。

该状态接收回答消息并选择故障处理组成员。服务器每接收到一个“条件满足”消息就进行登记，如果本次故障会诊处理要求的所有条件都得到满足，服务器状态从“多播请求”转到“故障处理”状态，如果故障处理需求没有满足，服务器等待其他专家的参与。

（5）故障处理状态。

该状态负责所有故障会诊专家之间的交互。服务器判别故障处理要求是否满足，如果全部满足，服务器广播“成员确认”消息至所有参与故障处理专家，当广播确认消息后，服务器状态从“多播请求”转至“故障处理”。这时多播协议会启动语音视频会议方式。当客户机收到服务器传来的“成员确认”消息后，客户机进入交互服务模块形成故障处理小组，开始故障船舶的会诊处理，客户端状态从“等待确认”进入“故障处理”。

（6）关闭服务状态。

该状态关闭故障处理服务。当服务器关闭故障处理程序时，广播“会话关闭”消息至所有故障处理组成员，服务器状态从“故障处理”转至“关闭”。当客户机收到服务器发出的“关闭”消息后，客户机终止故障处理活动，并关闭与服务器的通信连接，状态从“故障处理”转至“关闭”。

第 7 章　船舶远程保障知识管理系统

7.1　问题描述

本体是一种应用于知识工程领域的专门技术。由于它在描述概念及概念相互关系方面具有灵活、可扩展和开放性等特点，近年来不论是在科学研究领域，还是因特网应用领域，本体 Web 语言（Ontology Web Language，OWL）已经得到广泛应用，它不仅支持各种不同系统之间的知识共享和语义交互，而且支持自动推理功能。为了进一步推广本体的应用范围，OMG（对象管理组织）还推出了本体定义元模型（ODM），实现了通过统一建模语言（UML）工具进行本体建模。但是在船舶维修保障领域还缺乏利用本体实施知识管理和故障诊断等方面的应用。

7.2　基于本体语义的船舶设备维修领域本体构建

7.2.1　船舶设备维修知识及其一般层次

从知识体系角度，船舶设备维修保障知识可以按船舶设备维修保障体系将船舶设备维修知识分为组织体系知识、作业体系知识、标准法规体系知识等，这些分类方法都是将船舶设备维修保障知识条块分割，不利于知识的重用、系统的互操作。一般来说，无论是船舶设备维修保障数据、维修知识，还是构建于其上的维修保障系统，它们都隐含着一个模型，该模型是实现船舶维修保障系统某些方面或属性的简化描述，用于结构化理解或服务于真实的船舶设备维修保障系统。

考虑船舶设备维修保障信息共享的需求，可以将船舶设备维修保障知识分成 3 个大的层次，如图 7-1 所示。

（1）关于船舶设备维修保障系统自身的知识，即船舶设备维修保障系统的组成及这些组成之间关系的知识。

（2）关于船舶设备维修保障实体围绕维修而展开的活动的知识。

（3）关于船舶设备状态的事实判断以及未来状态预期的综合保障性知识。

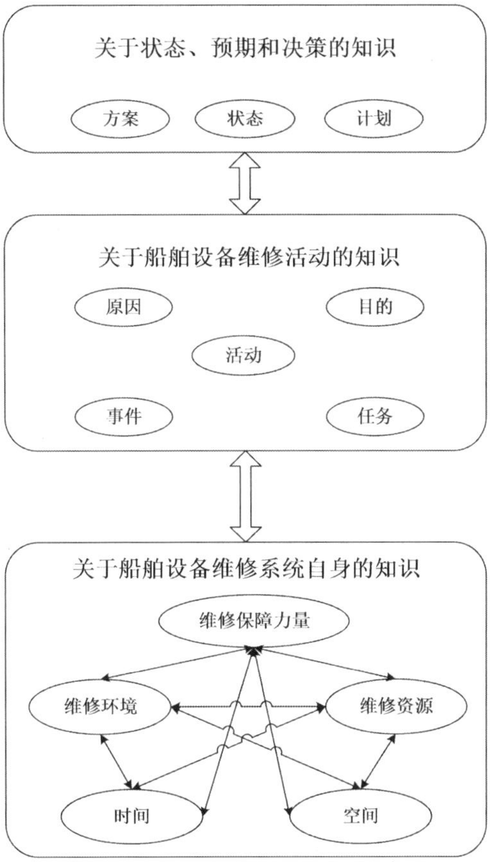

图 7-1　船舶设备维修知识及其一般层次

船舶设备维修保障系统自身的知识，即关于船舶设备维修保障系统的组成以及这些组成之间的关系的知识，船舶设备维修系统的组成即船舶设备维修保障系统的各种实体，包括参加维修保障的维修保障力量（包括建制、人员、设备、设施等）、维修保障环境（包括水面、水下、岸边、深水等物理环境和政治、经济等社会环境）、维修保障资源（主要指的是消耗型物资，如机油、配件、小部件等）、时间（包括时刻、时序、延时等）、空间（点、线、面、体、方向、位置、长度、面积、体积等）等，船舶设备维修保障系统组成之间的关系主要通过相关属性、隶属关系、制约条件等来体现，如船舶的配件、船舶设备各部件之间的隶属关系、船舶设备适用的物理环境等。关于船舶设备维修保障活动的知识，指的是与船舶设备维修保障活动的主体、作用、目的等相关的知识，对活动的描述可以是描述性的，即事件；也可以是规范性的，即任务。船舶设备维修保障活动是在一定的维修保障环境和社会环境下，由维修保障人员或设备承担执行的，它发生在一定的时间、空间中，消耗相应的维修资源。因此关于船舶设备维修保障活动的知识是建立在关于船舶设备维修保障自身系统知识的基础之上的。

关于状态、预期和决策的知识，包括船舶设备状态、维修计划、维修方案和命令等概念的相关知识，它是在关于船舶设备维修自身系统知识和关于船舶设备维修活动知识的基础上，对船舶设备维修实体过去、现在和未来状态或活动的综合判断，以及在此判断基础上形成的维修保障策略和措施。

这三类船舶设备维修知识存在于维修保障理论、维修技术手册、维修技术标准、数学标准、数学模型甚至数据库等结构化或非结构化的文件和数据源中，也存在于各船舶设备维修保障领域专家的大脑中。

7.2.2 船舶设备维修保障知识本体的组织

按照本体的类型可以将船舶设备维修知识分为两类：模式知识和实例知识，模式知识即术语知识，对应于描述逻辑的 T-Box，他们定义领域知识结构，描述关于类的知识；实例知识即断言知识，对应于描述逻辑的 A-Box，描述的是关于个体的知识。将这两类知识分离，可以保证知识结构不被破坏，将类和个体分开，可以使模式知识具有更好的复用性。

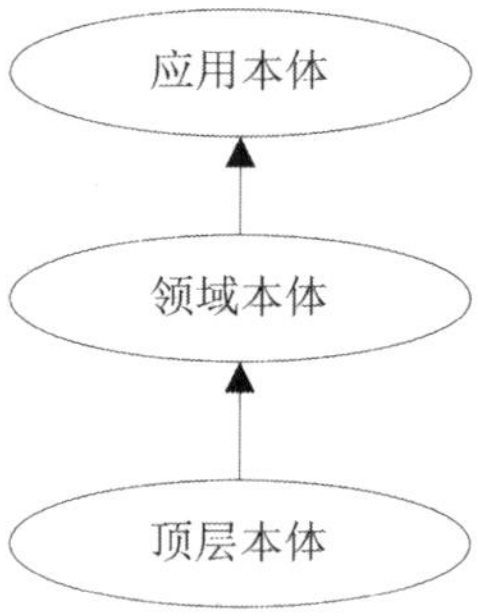

图 7-2　船舶设备维修知识本体的组织方式

为了使知识库具有更好的重用性和互操作性，可以将描述模式知识的模式本体分为一般本体和特殊本体。一般本体（也成为顶层本体、基本本体或核心本体）指的是可以在不同船舶设备维修领域进行复用的本体，这些本体中的概念是非常一般化的、独立于特定领域的，如维修保障实体、活动、事件、位置、空间等，特殊本体是指与特定领域、应用、任务、方法或活动有关的本体。基于这种认识，船舶设备维修知识可以按照图 7-2 的层次进行组织。

顶层本体定义最一般的船舶设备维修保障概念和关系，可以被所有船舶设备维修保障领域复用。

领域本体描述水上、浅水、深水、岸边等船舶设备维修保障或维修命令、保障方案等领域知识。

应用本体则针对特定应用而构建，表达特定应用所需要的特殊知识。

7.2.3　船舶设备维修保障知识顶层本体

根据船舶设备维修保障知识及其一般层次，可以构建船舶设备维修保障知识的顶层本体，其核心结构如图 7-3 所示。船舶设备维修知识顶层本体围绕维修保障活动而构建，将船舶设备维修系统自身的知识、关于船舶设备维修活动的知识和关于事实与预期的知识联系在一起，融合形成一个有机顶层知识框架。

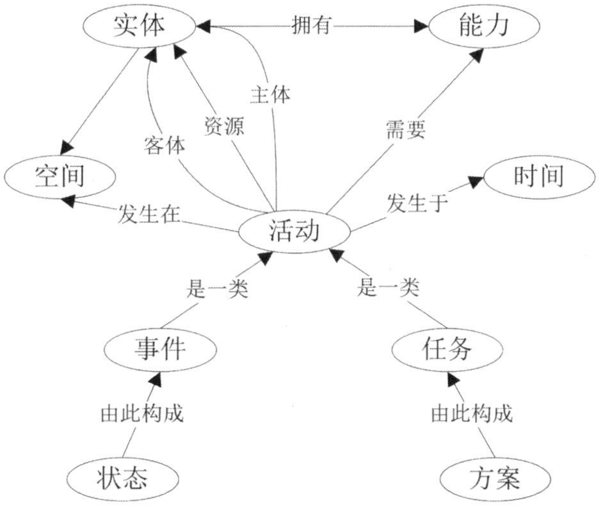

图 7-3　顶层船舶设备维修知识本体的核心结构

7.2.4　船舶设备维修知识领域本体和应用本体的构建

领域本体和应用本体是在概念和关系上对顶层本体进行细化和扩充。在细化和扩充的过程中，遵循以下两个原则：

（1）“奥卡姆剃刀”原则。“如无必要，无增实体”，保持本体中概念和关系简单、有效，概念和关系越复杂，构建过程中越容易出错，同时知识推理更耗资源。

（2）模块化原则。提高本体的内聚度，减小本体间的耦合度，这可以利用本体语言提供的模块化特征（如 OWL 的模块化、可组合、分布等特点），通过关注点分离来实现。

遵循这些原则，可以带来如下好处：

（1）可扩展，利于开发，使本体设计可协作、可持续。

（2）可组装，利于维护，许多维护任务可以通过更换发生问题的模块来完成。

（3）可重用，方便使用，每个独立模块都可以在其他语境中使用。

（4）有效推理，因为简单且可能只有模块的一小部分与推理问题有关或这个推理可以分配到独立模块进行处理，使得对一些推理变得更加有效。

（5）更开放，便于本体的自然演进。

由传统数学模型描述的概率性知识通常在应用本体中构建，但是如果可以在领域中通用，可以在领域本体中构建，以便于知识复用。

鉴于本体的设计目的以及当前技术水平，并不是所有概率性知识都可以通过本体表达，能够表达的通常只是一些能够进行概率或模糊推理的知识，PR-OWL 表达的则是能够进行贝叶斯推理的知识。基于 PR-OWL 创建领域性的或应用的概率性本体，可以按以下步骤进行：

（1）确定需要建模的概率性知识所涉及的概念实体。这些实体的确定通常可以通过识别具有影响关系的逻辑组来实现。

（2）确定实体所具有的属性。如果属性是连续的，确定如何将其离散化；如果是离散的，但是取值太多，确定如何将其取值分组。

（3）确定实体之间的影响规则，包括同一个逻辑组之内的实体之间以及不同组的实体之间，这些规则表现为实体属性值或其分布之间的相关关系。

（4）将以上实体、逻辑组、影响关系和规则，影射到 MEBN 的相应元素。一般地，逻辑组影射到 MEBN 的片段（MFrag），根据在逻辑组中影响关系的位置不同，实体分别影射到语境结点、输入结点或驻留结点，影响规则影射到概率分布。

（5）利用建模工具，将上述结果通过 PR-OWL 表达出来。

7.3 系统设计与实现

系统结构图如图 7-4 所示。其中保障任务管理服务器是基于本体查询语言实现，从本体知识库中检索以 RDF 或 XML 格式存放的本体数据，并以 RDF 或 XML 格式返回查询结果。保障任务管理服务器的主要工作流程为：

（1）根据访问系统的用户角色检索其能够执行的任务，并把系统角色与保障任务连接起来。

（2）根据用户第 1 步用户执行的保障任务，建立保障任务与船舶监测数据的连接数据通道。

（3）把不同类型的设备监测数据封装成 XML 统一格式的消息。

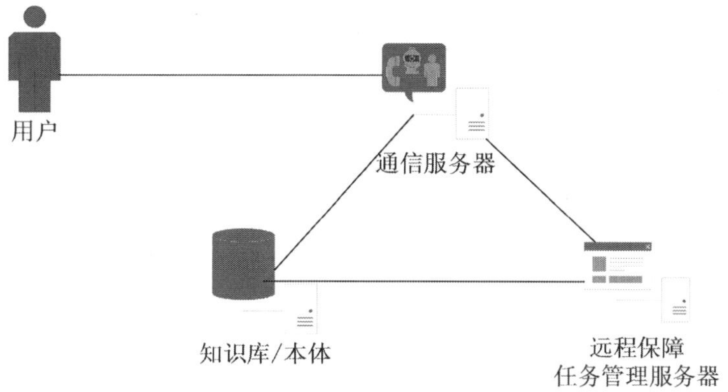

图 7-4　系统结构图

通信服务器，负责用户的身份识别和认证，并根据用户的身份和角色判别提供给他运行的服务，此外通信服务器还负责按照优先级顺序转发任务管理服务器发出的消息，保证紧急故障的消息能优先发送。

通信服务器主要完成以下三个流程：

（1）根据消息接收者和发送者的重要性定义任务管理服务器发出消息的优先级。

（2）根据优先级分发队列中的消息。

（3）支持预定义的传输规则。例如可预定如下规则：首先发送高优先级消息队列中的第 1 个消息，如果高优先级队列中没有等待发送的消息，依次发送中等优先级消息队列中的第 1 个消息。

知识库是该系统的核心组织成分，它又由以下四部分组成：

（1）表示远程保障任务的概念及相互关系的本体。

（2）支持辅助决策的规则。

（3）推理机。

（4）知识查询语言。

进一步描述保障任务本体，任务本体的使用者也是本体中的一个重要用户角色，它包括远程技术专家、故障船舶所在的技术人员、通信设备、软件代理等，而本体的主要目的是负责管理系统角色之间的消息交换，另外，本体知识还可以推导出保障规则，而这些规则可以帮助生成技术保障方案，并简化知识分析的过程。利用本体技术可以描述保障任务设计的不同概念以及它们之间的相互关系，这有助于进一步生成远程保障任务所需资源和角色的知识。图 7-5 为本体概念与关系层次关系图。

系统本体分为两层，通用层包括系统设计的一些通用性的概念（例如角色、资源、位置等）以及它们之间的关系；第 2 层为领域层，它可以表示一些具体对象，包括故障设备、保障专家的基本信息等。当应用环境变化时，新的领域层本体可以动态插入上层本体中。

概念类型

- 实体
  - 故障模式
  - 检测
  - 设备
  - 资源
    - 角色
      - 远程专家
      - 船载技术人员
    - 保障工具
    - 技术资料
- 协议成分
  - 上下文
    - 因果
    - 方案修改
    - 维修失败
  - 维修决策
    - 故障处理
    - 故障隔离
  - 维修方案
    - 诊断方案
    - 修复方案
      - 换件维修
      - 调整参数
  - 工况
  - 事件
    - 发现
      - 故障现象
      - 指标异常
      - 工况检测
    - 报警
    - 测量
  - 协议
  - 日期
  - 信息
    - 维修风险
    - 工序
  - 设备属性
    - 基本参数
      - 压力
      - 噪声
      - 温度
      - 生产日期
      - 生产厂家
    - 设备组成

关系类型

- 时序关系（通用，通用）
  - 之后（通用，通用）
  - 之前（通用，通用）
  - 并行（通用，通用）
  - 开始（通用，日期）
  - 结束（通用，通用）
- 协议关系（通用，通用）
  - 触发（故障诊断，事件）
  - 生成（故障诊断，故障处理）
  - 需要（资源，故障处理）
  - 属于（事件，上下文）
  - 更换（通用，通用）
  - 维修（修复方案，故障模式）
  - 分析（故障模式，诊断方案）
- 因果关系（通用，通用）
- 支持关系（实体，协议）
- 常用关系（通用，通用）
  - 代理（通用，资源）
  - 输入（维修方案，信息）
  - 输出（维修方案，信息）
  - 对象（通用，通用）
  - 属性（通用，属性值）
  - 排除（通用，通用）
- 空间关系（通用，通用）
  - 里面（通用，通用）
  - 外面（通用，通用）
- 逻辑关系（通用，通用）
  - 要素（通用，通用）
  - 包含（通用，通用）
  - 隐含（通用，通用）
  - 不兼容（通用，通用）
  - 相似（通用，通用）
  - 与（通用，通用）
  - 或（通用，通用）
  - 关联（通用，通用）
  - 可能（通用，通用）

图 7-5　本体概念与关系层次关系图

图 7-6 为柴油机故障维修状态协议模型案例，在本体层次结构中有 4 个概念和 4 个关系用于规则推理，4 个概念分别为事件、上下文、故障诊断和故障处理；3 个关系分别为属于、触发、生成。因果上下文的影响因子包含了可能引起柴油机故障的因素，包括喷油器针阀卡死、各缸供油不均、燃烧不良以及缸套磨损。故障现象包括运转声音异常、转速不稳定（例如造成启动困难）。故障诊断包括对噪声和温度的测量。故障处理包括更换喷油器、调整气门间隙、识别故障原因、状态监测和预防性维修等。

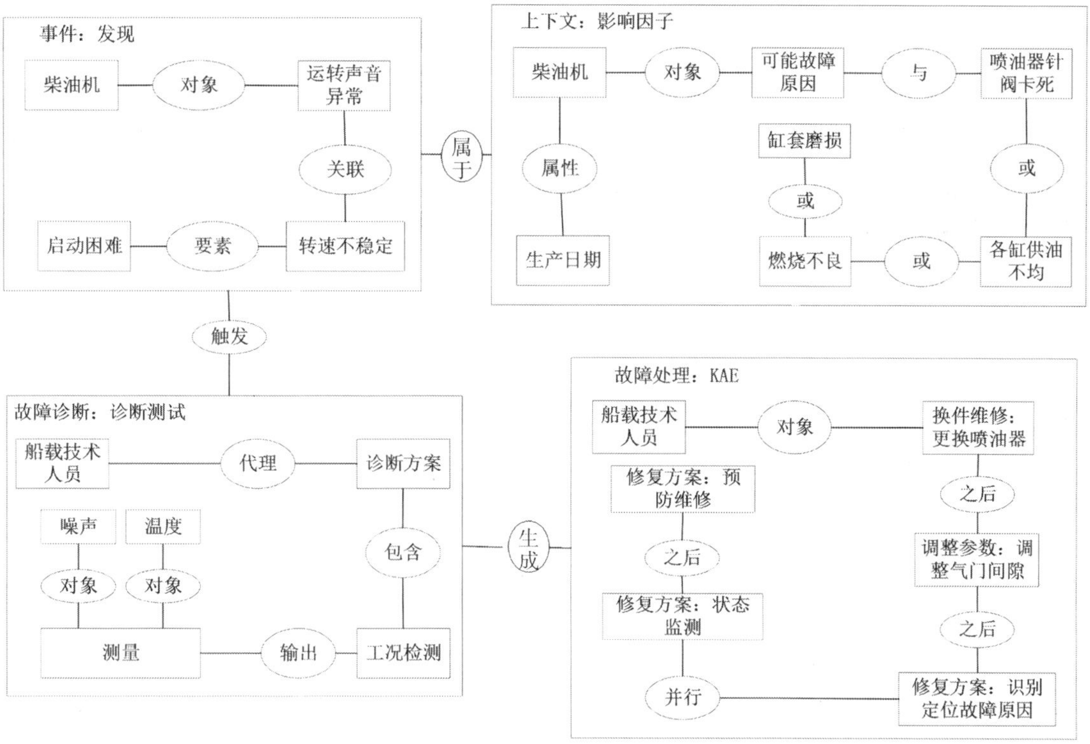

图 7-6　柴油机故障维修状态协议模型案例

系统的工作流程可分为 3 个主要状态：

第 1 个状态为用户向系统发送消息。

第 2 个状态是系统内部状态的转换。

第 3 个状态是系统向用户返回消息。

图 7-7 为保障任务管理的 UML 状态图，用以描述状态变化时的系统行为。

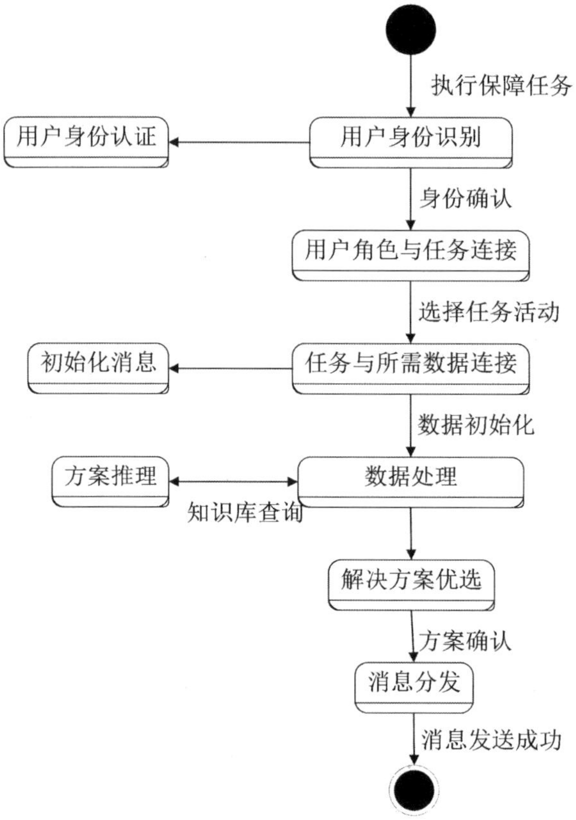

图 7–7　保障任务管理的 UML 状态图

（1）用户身份识别及验证。主要目的是查看用户是否注册，并允许按其角色权限访问系统。系统用户应该强制性要求安装由权威机构下发的数字证书。

（2）建立用户与保障任务之间的连接。在本体中事先预定义用户与保障任务的关系以及用户执行任务的权限，根据用户的配置文件设定不同类型的用户可以执行的任务不同，例如软件专家只能执行软件故障诊断保障任务。

（3）建立保障任务与数据之间的连接。由于保障任务的执行过程中可能需要船舶监测数据的支持，所以在本体中定义了保障任务与数据的关系。因此，一旦用户选择了执行的保障任务，系统把它所选任务与所需数据连接，并要求用户初始化数据。例如某次维修保障任务“柴油机故障诊断”，需要柴油机当前的监测数据，包括压力、转速、噪声、温度等，同时也需要该型柴油机的属性数据，包括型号、生产日期、生产厂家、历史维修记录等。保障任务“备件申请”所需数据又与此不同。

（4）生成数据处理及解决方案。根据当前保障任务的类型、可利用的人力资源、材料和通信资源以及采集到的数据，系统首先查询本体库，通过查询结果形成多个解决方案，例如，在一次紧急故障中，船舶急需一批备品备件，通过查询可以得到存储有该类型备件的附近船舶或仓库。

（5）方案的优选。由于形成的解决方案可能有多个，该步骤通过一些优选标准，例如船舶位置、交互双方通信设备的能力、备品备件资源的数量、技术保障专家的特长等，从中优选，优选过程在两个层级执行，第 1 层：在本体查询时，通过在查询语句中加入过滤“filter”模式来实现；第 2 个优选层：可在推理中预先设置选择规则来实现。

（6）消息分发。系统根据用户需求把消息分发到对该消息感兴趣且事先订阅了该类消息的用户，该过程由通信服务器完成，并可以通过通信规则来优化消息的转发。图 7-8 为系统知识库实施结构图，它包括一个远程技术资源本体库、用于任务管理的规则集、消息交换模块、推理机和查询引擎等。

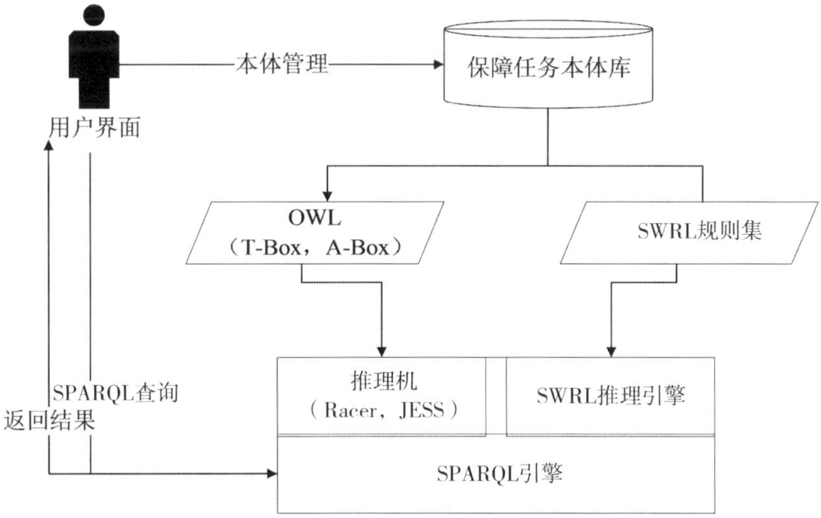

图 7-8　系统知识库实施结构图

可以利用 OWL-DL（描述逻辑）描述本体，在系统中定义了两种主要的关系类型：第 1 种类型是“对象关系”，它描述了用户执行服务、服务需要资源、服务需要数据以及用户拥有资源等系统主体之间的关系。第 2 个关系类型是“数据类型”属性，例如电气系统专家具备电器保障特长，这个“具备”就属于“数据类型”属性。另外个体代表某一类概念对应的具体对象，例如某个应急保障专家是船舶电气维护类型专家的特例，所以该属性可以把两个个体连接在一起。例如“执行”特性，把某个体“电器系统专家”与另一个个体“应急保障专家”连接，另外属性“拥有”可以把个体“电器系统专家”与另一个个体“通信终端（资源）”连接。

Protégé-OWL 可用于编辑本体。作为一个经典的知识获取工具，Protégé 能够用于本系统本体知识的获取与描述。为了验证本体的一致性和类层次，可以采用推理机 Racer，它的一个主要功能是检测某一类是否是另一个类的子类，从而建立本体的类层次。基于条件描述，推理机还可以检查某个类是否有实例，还可以检查每一个类的执行条件，以此判别某个个体是否满足成为某个类型成员的条件，例如设某个体 x 将要成为某个类用户的成员，他至少得有执行一项保障任务的能力和相应的资源。

系统采用 SPARQL 查询语言引擎来检索本体库中的数据。SPARQL 通过 4 个查询语句 select、construct、ask 和 describe 从本体中检索数据，而且可用于不同类型数据源的查询，它不仅支持以 RDF 格式返回数据，也可以通过修改“过滤器（Filter）”来精确查询范围。

系统可采用 SWRL（语义 Web 规则语言）来定义不同的知识规则，它基于 OWL 的两个子语言（OWL-DL 华为 OWL-LITE）实现。最后可采用 jess（Java 专家系统）编译和执行规则。

第8章　船舶设备技术数据搜索排序方法

8.1　问题描述

船舶设备种类繁多，结构复杂，包含了电子、电气以及机械等多种专业系统，导致用于维修保障的资料数量相应也非常巨大，而且不同系统有其特有的工作状况与故障模式，其监测数据随着每次航行与维修也日益增加。因此于技术保障人员而言，当前面临的一个关键问题是如何从海量存储的各类技术资料与数据中快速找出对自己本次任务有价值的内容。

为了解决这一问题，传统方法主要设计优化船舶各类资料的数据结构与组织方式，这种方法尽管能够提高知识的交互性和再利用率，但还是需要用户提供精确的检索条件，商业领域中谷歌以及百度等搜索引擎，提出了自己的搜索排序算法，可以根据用户给出的检索条件，匹配出对应的搜索结果，并按一定规则排序，方便用户查找。但这些算法的理论模型过于复杂，难以用于船舶信息管理系统中。另外这些算法需要从文档中识别检索信息，但是维修保障的技术资料数量庞大而且不断增加，其中包含大量的监测数据，这都需要消耗计算能力，为此提出一种简单高效的基于上下文的搜索排序方法。

8.2　解决方法

本方法的目的是为了克服已有技术的缺陷，为了从海量存储的船舶技术资料与数据中快速找出有价值的内容，提出一种船舶设备技术数据搜索排序方法。随着设备保障的生命周期（生命周期包括研制、生产、验收、使用、维护、维修、退役等多个过程）的开展，会生成一系列技术文档，每一个文档都有 1 到多个属性（文档类型或文档所述设备专业等）表示，例如，文档类型可以为设备监测数据、故障诊断报告，维修方案，日常维护报告，备件更新说明，故障上报报表等。文档所述设备专业可以包括机械、电子、电器、管理等。每个文档包括更小的逻辑单元，即数据集。数据集除了继承所属文档的特性外，也具有自己特有的属性，例如对于主机设备，指示功、爆发压力、压缩压力以及膨胀压力等测量数据项，可以归入热工参数数据集；噪声声压、声强以及频率的类型为“风险因子”或“额外测试”，它们的测量数据可归于特殊数据集。由于单个数据项也可在逻辑组织上看作一个数据集，所以搜索粒度定为文档或数据集。

进一步描述上下文的定义。上下文可以根据以下三个规则定义：(1) 所属生命周期；(2) 所属专业；(3) 所属保障类型。

关于生成文档时上下文类型的设置，每一个文档或数据集的上下文类型，可以由生成该数据的专家手工设置，也可以由船舶保障信息系统根据当时状况自动生成。

关于访问文档时上下文的选择，可由专家手工选择，也可由系统参考当时使用环境自动选择，这些环境因素包括专家所属专业、访问数据库的时机、所属专家组类型、调度类型等。例如船舶发生故障，由远程支援中心调度参与故障诊断的专家，他访问数据库时所属上下文可以为临抢修类型。

数据集与上下文的相关性通过相关度表示，根据作用方式不同，相关度分为三种类型：(1) 静态相关度；(2) 时间相关度；(3) 动态相关度。

步骤一：静态相关度的计算。静态相关度指定上下文与数据集的属性关联，可由专家设置。例如排气管温度数据，对于主机进排气系统的故障诊断很重要，但与润滑系统关系不大。静态相关度又细分为一个上下文类型相关度 $R_C \in (0, 1)$ 和一个设备类型相关度 $R_E \in (0, 1)$。

步骤二：时间相关度的计算。时间相关度由数据以及所属文档的创建时间决定，从逻辑上而言，新创建的文档或数据重要性比较高，但是对于不同的文档，其时间影响性不同，某些分析报告的有效期是几个月，而有些可能长达数年，为此建立了时间阈值来修改文档的时间相关度，如果文档时间小于该阈值，时间相关度取较高值（大于 0.7）；如果大于该阈值，则时间相关度降低，取较低数值。设 D 为某份文档或数据集，T 为该文档的创建时间，创建时间以月为单位，文档 D 的时间相关度的计算公式如下

$$R_T(D) = \mathrm{e}^{-\frac{\log_H(T)}{e}} \tag{8-1}$$

式中，H 为时间阈值，它反映了时间的影响强度。

步骤三：动态相关度的设置。在大多数情况下，专家可能没有给文档指定静态相关度，所以需要建立能够自适应的动态相关度，现有数据库管理系统（oracle，sql）都具有日志功能，在日志库中记录数据库的访问信息，包括被访问的数据、修改的数据、访问

数据的用户、访问时间等。基于日志库中记录的数据访问次数，利用改进的向量空间模型，定义 tf_{iC}表示上下文 C 中的数据集 i 的访问次数，则有

$$tf_C = \sum_{i=1}^{N} w(T_i)\, tf_{iC} \tag{8-2}$$

式中，tf_C表示上下文 C 的所有访问次数。

因为越近访问的数据集意味着影响程度（重要性）越高，所以建立了权重函数来表示时间对相关度的影响，权重函数的定义如下

$$w(T_i) = 2^{\frac{T_i - T_r}{365}} \tag{8-3}$$

式中，T_r为参考日期；T_i为数据集 i 的访问日期。

该公式表示，越近发生的访问权重越大，随着时间流逝，数据集的影响越来越小，系统可以利用该定义自动调节将来访问模式的影响因素。由于权重是一个以时间为自变量的递增函数，当数据存储日期较长时，可能会得到一个极大值而影响计算精度，为此需要定义一个定时函数，该函数每隔一年调用一次，主要功能是把 T_r增加一年，再重新计算一次权重，从而降低存储的权重值的粒度。具体步骤可见具体实施部分。

在访问次数和权重函数的基础上，设 D 为某文档或数据集，C 为上下文，动态相关度的计算公式如下

$$R_D(D) = \left[\frac{tf_{DC}}{tf_C}\right]^{1/4} \tag{8-4}$$

该方法的思想是认为相对整个上下文的访问次数，某个数据集的相对访问次数越高，则相关度越高，另外只有一个时间段内重复的访问，才能显著提高动态相关度。

步骤四：整体相关度的计算。以上三个相关度，都只反映了数据集的一个侧面，整体相关度把它们集成为一个值，同样设 C 为上下文，D 为文档或文档中数据集，整体相关度 R_G计算公式如下：

$$R_G = (R_C(D) \oplus R_E(D) \oplus R_D(D)) \otimes R_T(D) \tag{8-5}$$

式中，$R_C(D)$ 为专家指定的数据集 D 对于上下文 C 的相关度；$R_E(D)$ 为专家指定的数据集 D 对于某型设备 E 的相关度；$R_D(D)$ 为系统根据数据集 D 的访问情况设置的自适应动态相关度；$R_T(D)$ 为考虑数据集 D 的创建时间而设立的相关度。

为了提高计算速度，在实施时，⊕可以用取最大值计算，⊗用取最小值计算。

本方法优点在于：提出一种利用上下文的静态相关度、时间相关度和动态相关度的排序方法，所需计算量小而且扩展性强，适合船舶设备技术数据的查询结果优先级排序。

8.3 系统设计与实现

船舶技术文档的逻辑结构如图 8-1 所示，该方法可以在 Web 应用服务器端增加一个数据访问模块来实现，搜索排序软件结构如图 8-2 所示。

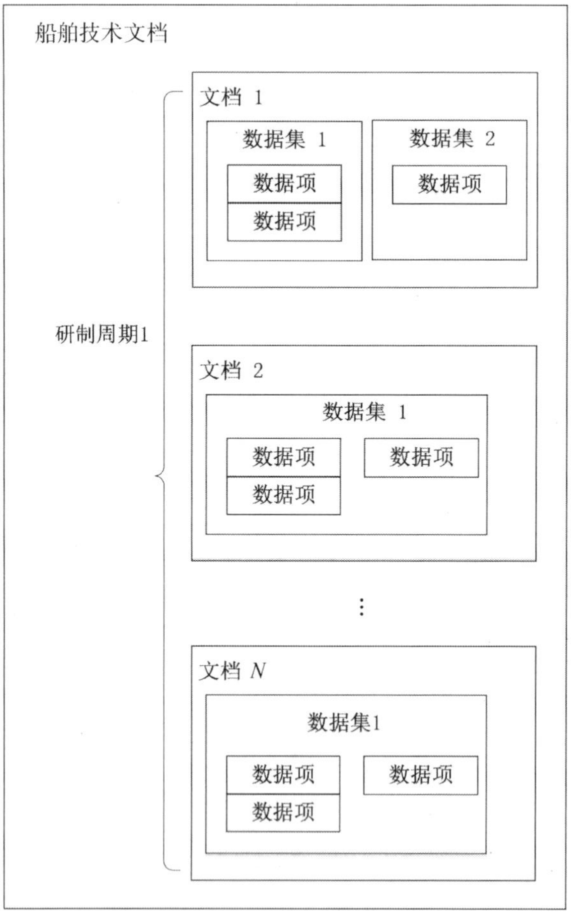

图 8-1 船舶技术文档的逻辑结构

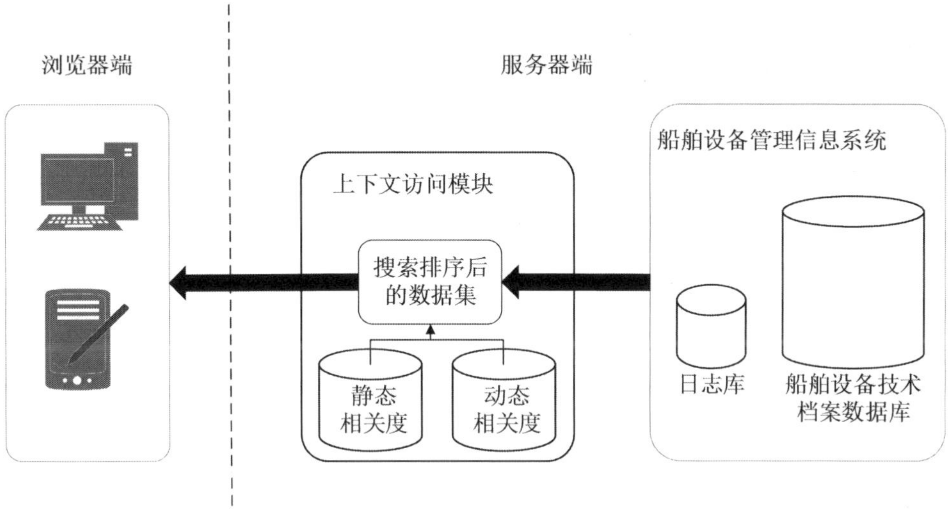

图 8-2　搜索排序软件结构

搜索排序流程如图 8-3 所示。

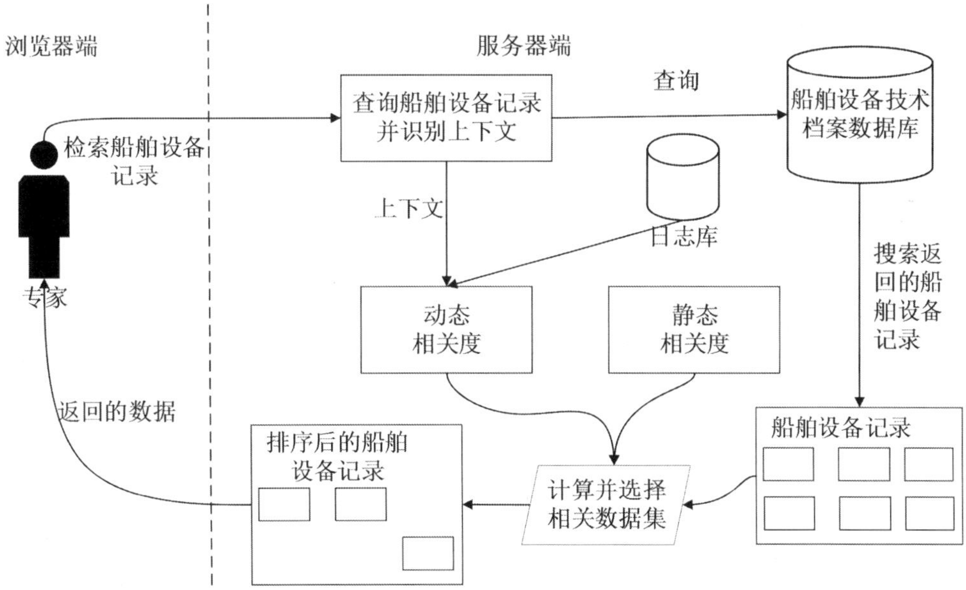

图 8-3　搜索排序流程

第 1 步：专家登录船舶保障支援中心。

第 2 步：利用支援中心的调度信息和专家专业等信息，系统识别出这次访问的上下文。

第 3 步：专家在系统中搜索与这次任务有关的船舶和设备。

第 4 步：利用搜索排序方法实现的数据访问模块进入支援中心数据库，查询数据集的静态和动态相关度，返回结果按公式（8-5）结合时间相关度排序数据。

第 5 步：系统选择优先级最高的数据集返回。

进一步描述数据相关度的修改流程，每一次访问数据时，相关度都会相应的变化，整个过程无须人工参与，只有小部分记录会修改，因此开销也较少。相关度修改流程如图 8-4 所示。

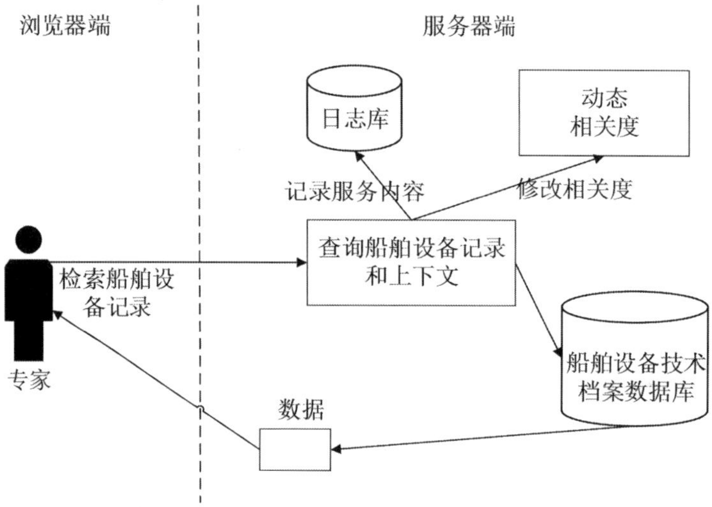

图 8-4　相关度修改流程

第 1 步：当专家登录船舶保障数据库系统时，数据访问模块识别上下文，可由专家手工选择，也可由系统参考当时使用环境自动选择，这些环境因素包括专家所属专业、访问数据库的时机、所属专家组类型、调度类型等。

第 2 步：专家选择查询某设备的数据集。

第 3 步：数据访问模块获取专家所需数据并返回，同时数据库管理系统在日志库中记录本次访问内容，数据访问模块修改“访问频率表”，这里需要修改的记录仅有两条，某特定上下文 C 中数据集 D 的访问次数，tf_{DC}和上下文 C 的所有访问次数 tf_C。

每次访问系统时，数据访问模块可以作为存储过程由数据库自动执行，完成对动态相关度的修改，这样下次访问上下文时，可按最近修改信息来计算属于该上下文的数据及相关度。

数据访问模块所需数据可都存储于“访问频率表”中，该表可与维修记录一同保存到数据库中，其字段属性包括：

（1）DC：数据集的内部编码；

（2）ContestID：上下文标志符；

（3）Weight：数据集 D 的访问权重；

（4）RC：属于某上下文的数据集的静态相关度。

主键为（DC，contest ID），如果 DC 为-1，传递到 Load 时，根据每批数据对应特定上下文中所有数据集的权重之和，记为 tf_C，“访问频率表”中记录的总数为｜Contests｜×（｜DC｜+1）。为了提高查询效率，可以基于上下文标识符（ContestID）建立表簇结构。

表 8-1　访问频率表

	上下文 1	上下文 2		上下文 j		上下文 M
数据集 1	tf_{11}	tf_{12}	…	tf_{1j}	…	tf_{1M}
数据集 2	tf_{21}	tf_{22}		tf_{2j}	…	tf_{2M}
	⋮	⋮	…	⋮	…	⋮
数据集 i	tf_{i1}	tf_{i2}		tf_{ij}	…	tf_{iM}
	⋮	⋮	…	⋮	…	⋮
数据集 N	tf_{N1}	tf_{N2}	…	tf_{Nj}	…	tf_{NM}
总和	tf_1	tf_2		tf_j		tf_M

下述案例进一步描述对相关数据集的查询过程，如果已知上下文 C，需要查询与 C 最相关的数据集访问频率，其 SQL 查询语句如下：

Select DC，Weight fromFreqTable where ContextID = C order by Weight DESC HAVING ROWNUM = 6

通过执行以上 sql 语句，可以简单快速地获取相关度最高的 5 个数据集，其中第 1 行为上下文 C 的整体访问权重 tf_C。

如果已知上下文和某型设备，需要查询与之最相关的数据集。为了提高 R_G的计算效率，可以在数据库内采用 PL/SQL（存储过程）语言实现公式（8-5）整体相关度的计算。这样只需要对“访问频率表”（FreqTable）和数据库中相关船舶设备的技术档案（SERTable）执行一次连接查询，就可以得到相关的数据集。设 CRG 为 PL/SQL 实现的整体相关度计算函数，Eid 为需查询的某型设备的标识符，C 为该设备所属上下文，RC 为上下文相关静态相关度，RE 为设备相关静态相关度，TFC 为上下文的访问频率，这样获取整体相关度的 SQL 语句如下：

Select * , CRG (FreqTable. RC, FreqTable. RE, FreqTable. Weight, TFC, SERTable. Date) as Relevance

FromFreqTble, SERTable where SERTable. EID = Eid and FreqTable. Contxt ID = C and

SERTable. DC = FreqTable. DC order by Relevance DESC HAVING ROWNUM<=5

只用先执行一条查询语句，得到 tf_C，再执行以上语句，就得到相关度最高的 5 个数据集，而且所有计算都在数据库系统里面以存储过程的形式执行，计算开销小。

进一步描述对“访问频率表”的修改。以下两种情况需要修改“访问频率表”：

（1）当访问了数据集时；

（2）每年一次对参考时间修改时。第两种情况下需要修改“访问频率表”中所有记录。

第 1 种情况下的 SQL 语句如下：

UPDATEFreqTable SET Weight=Weight+Wht（A）where DC in（id，-1）AND ContextID=C

其中 id 为数据集的内部代码，C 为上下文，Whg（A）为这次新访问的权重。

第 2 种情况下的 SQL 语句如下：

UPDATEFreqTable SET Weight=Weight/2

这条语句尽管需要修改整个访问频率表，但因为只需要每年执行一次，开销也不大。

第 9 章　船舶远程维修信息管理系统

9.1　问题描述

船舶远程维修系统需要保障各个维修机构之间数据的传输、查询和存储，系统技术架构涉及异构工作流管理系统、对等网、万维网以及系统集成等多种概念和方法。过去这种信息管理系统是基于中心服务器架构设计运行的，既使用一个或多个中央服务器或集群存储船舶的历史数据、维修记录以及多媒体信息等，这种中心服务器方案导致服务器负载较重，它必须处理整个维修数据流，例如接收故障船舶上传的故障视频或图像并存储，接收客户端的查询请求，把符合条件的数据传回客户端，为此一个中型的船舶远程维修系统就得租用或拥有一个大型数据服务器或存储云，开销大而且存在单点故障风险。另外，船舶维修业务相关部门的设备或业务信息涉及知识产权保护或密级限制，难以统一上传到服务器。而对等网虽然没有中央控制带来的单点故障风险，提高了系统可用性，但分布式安全管理难以实现，系统性能也会受到一定影响。为此提出了一种混合对等网和客户/服务器模式的船舶维修数据管理系统，帮助维修机构或维修人员互相联系交流，访问共享数据，讨论维修诊断方案。

9.2　系统结构

为了解决船舶异构保密信息的融合和存储问题，提出一种基于混合对等网的船舶远程维修信息管理系统。系统由管理服务器和维修专家客户端两类节点组成。管理服务器可以看作远程维修系统的交换中心，各维修客户端负责维修业务成员（维修结构、技术人员、船舶等）的用户注册和安全管理。当维修客户端加入系统前，向管理服务器注册，注册成功后，维修客户端负责建立信息通信会话以便与其他成员之间交互。

维修客户端由图像处理工具包、图像浏览器、安全模块、数据库访问模块、呼叫管理模块和音视频会议模块组成。其中图像处理工具包和图像浏览器模块实现了故障图片白板功能；安全模块、数据库访问模块和呼叫管理为客户端软件的核心功能，安全模块通过安全套接层（SSL）协议的加密功能保证数据的机密性，数据库访问模块帮助用户应用程序与远程关系数据库互联；呼叫管理模块负责远程视频会议的呼叫管理，包括通信会话的建立、中断和撤销。音视频数据传输通过无连接的 UDP 协议（用户数据报协议）实现，而 TCP（传输控制协议）连接协议负责文本和控制命令的数据传输，对等网会话连接主要用于维护专家之间音视频通信，而中心控制方案用于核心模块通信，这样与维修管理服务器模块通信采用客户/服务器架构，维修技术人员之间通话采用对等网方案。

在线呼叫是系统的主要功能，其呼叫建立的工作流程描述如下：

第 1 步：当某维修专家 A 需要发起一次故障会诊会话时，他首先向管理服务器发送一个“初始化申请”消息，并用 A 的私钥对该消息加密。

第 2 步：管理服务器接收到“初始化申请”消息后，用 A 的公钥解密，如果身份验证成功，把 A 的名字加入在线专家列表，管理服务器会实时把更新的在线专家列表，分发给所有在线已注册的维修专家。

第 3 步：当 A 从在线专家列表中选择了专家 B，表明 A 想要与 B 通信，A 的维修客户端向 B 的客户端发送“合作申请”消息。

第 4 步：B 收到该呼叫连接消息后，回传 A 同意或拒绝的消息。

通信会话建立后，如果 A 和 B 具有相同的数据访问权限，会话中需要共享同一段船舶数据时的工作流程描述如下：

第 1 步：A 向管理服务器发送以数据访问申请的 SQL 语句，例如检索某一时间段内故障设备的传感数据，管理服务器从后台数据库中检索出申请数据并回传给 A。

第 2 步：随后 A 向 B 发送同样的 SQL 语句，B 收到后向管理服务器转发相同的数据访问申请消息，并在通过身份验证后从管理服务器接收相同的查询结果。这种方式需要 A 和 B 具有相同访问权限。

如果 A 和 B 对于模型设备具有不同的访问权限，则数据访问采用另一种流程。系统为每一个维修专家都会分派一至多个角色，角色既可以按所属地区分类，也可以按所属的机构或专长分类，同一个角色具有相同的数据库访问权限。当两名以上维修专家，在一次协作故障诊断中，如果需要对故障数据进行交叉验证，而且只有其中一名专家能够访问该数据的权限时，如果允许授权专家把数据直接转发给非授权专家，则可能造成安全漏洞也会给授权专家客户端造成较大流量负载。为此，在管理服务器上设计一个守护进程，由守护进程管理用户与数据库的交互。当非授权用户由授权用户引荐访问某段数据时，守护进程为该非授权用户创建一个临时账户，当协作终止时，临时账户也随之删除。设专家 A 与 B 建立了一次协作故障诊断会话，当 A 请求访问数据库中某段维修数据时他会同时把 B 的身份证书发送至守护进程，守护进程根据预先设置的规则，判断专家 B 是否也能访问 A 相同的信息。如果可以，则创建一个临时会话账户，该账户在这段会话期间有效，且只能访问该段数据，账号信息返回给专家 A，最后 A 再把该账号证书转发给 B，由其访问数据库时出示给管理服务器。

进一步描述维修数据及故障图片的传输。维修记录保存在管理服务器的专用数据库中，维修记录包括设备基本档案、维修历史、诊断历史以及存储的多媒体照片等数据。由于当前维修记录中的图片数据没有统一的文件格式标准，为了查询方便，系统包括描述字段，用于存储设备名称、记录大小、分辨率压缩格式、扫描类型等信息，针对不同的文件格式需要设计不同的查阅器模块，同时该图像查阅器还需要支持实时的双向图像交互显示。

进一步描述音视频数据的传输。音视频会议采用 TCP 和 UDP 双通道方式实现，TCP 用来传输文字数据和呼叫控制命令，UDP 用来传输音视频数据。在应用层支持音视频会议的国际标准 H. 323，H. 323 提供了一套音视频的编码译码标准库，支持以不同速率和服务质量在因特网上传输音视频数据，该标准是基于实时传输协议 RTP 和实施传输控制协议 RTCP 实现的。

进一步描述系统身份认证过程。系统通过数据加密和数字签名来保证通信安全，在用户注册时，管理服务器发送维修专家专用的私钥，对应公钥保存在 LDAP（轻量目录访问协议）服务器上。在初始化阶段，管理服务器负责定位检索整个系统所有的公钥列表，管理模块周期性检查 LDAP 服务器上证书撤销列表，及时删掉失效证书中对应的专家账号。

进一步描述系统检索的建立方法。由于维修数据包括大量多媒体及文档信息，所以常规关系型数据库无法完全满足要求，为此加入了两种检索模式：全文检索和元数据检索。全文检索模式为每一个关键字维护一个包含该关键字的文件列表，同时为文件列表中每一个文件计算一个该关键字的重要度指标。

对于层次化的维修数据，元数据检索效率更高，因为每一个维修文件的文件头，都关联一批关键字/值数据，这样元数据检索可以高效处理元数据查询，并返回满足条件的文件，系统中维修元数据关键字包括设备 ID、设备名、数据采集批次、采集类型、采集时间、访问次数等。

系统分两个阶段建立索引。当系统开始实施时，索引软件模块扫描机器上所有维修文件，并建立索引，当扫描完成后系统进入稳定状态，即进入文件系统监控状态。当维修文件发生变化，即创建、修改或删除时，文件监控模块对相关索引进行更新。

进一步描述基于索引的搜索机制。系统支持两种模式：本地搜索和全网搜索。本地搜索只对本地文件和数据库进行搜索；全网搜索时搜索指令被广播到维修网络中所有的管理服务器，其他工作域的管理服务器收到搜索指令时，在本地执行文件和数据库中搜索，并把结果返回给发出调用的管理服务器，调用管理服务器收到所有返回结果后，对其合并并返回给用户。

进一步描述对等网的建立，第 1 个加入协同会话的专家成员自动被系统任命为组长，组长除了完成一般成员功能外，还负责接收新加入的成员，并把组成员名单分发给所有的组成员，当组长离开协作会话组或客户端发生故障不得不离开时，系统自动选出新的组长。当一个新成员欲连接系统时，会定时发送“申请加入”消息，当“申请加入”消息发送后，系统工作流程如下：

（1）如果协作组中已存在组长，由其判别是否接收或拒绝申请加入的成员，并发送响应消息。

（2）如果组长同意接收申请，它在成员列表中加入新成员，并在系统中分发成员列表。

（3）如果协作组不存在即没有组长的情况，新成员发送“申请加入”消息后等待一个预设时间，等待组长响应消息。如果这段时间没有收到任何接收或拒绝的响应，它假定协作组没有其他成员，则建立新组，并担任组长。

（4）存在并行选举的情况时，如果有两个新成员同时试图加入一个新协作组，由于当前没有组长给予响应消息，二者可能都自认为组长。为了防止这种情况发生，新申请成员在等待回复时间内，还需要监听“申请加入”消息，如果检测到新“申请加入”消息，而且没有从组长传来反馈，则表明并行有多名组员申请加入一个新组，这时系统选择用户 ID 号最小的成员为组长。

本系统主要优点包括：

（1）提出一种混合对等网架构，即通过对等网的自组织性解决了服务器负载重和单点故障风险问题，又能够利用客户/服务器架构成熟的运行环境保证了系统性能不受影响。

（2）提出了一种轻型数据访问模式，在不降低安全级别的情况下减少了网络流量负荷。

9.3 系统设计与实现

管理服务器可以看作远程维修系统的交换中心，各维修客户端负责维修业务成员（维修结构、技术人员、船舶等）的用户注册和安全管理。如图 9-1 所示，当维修客户端加入系统前，需要向管理服务器注册，注册过程需要提供自己的姓名、单位地址、特长以及权威认证机构提供的数字证书等。注册成功后，维修客户端负责建立信息通信会话以便与其他成员之间交互，通信会话应该支持视频、音频、图像、数据流等多媒体信息的交互。

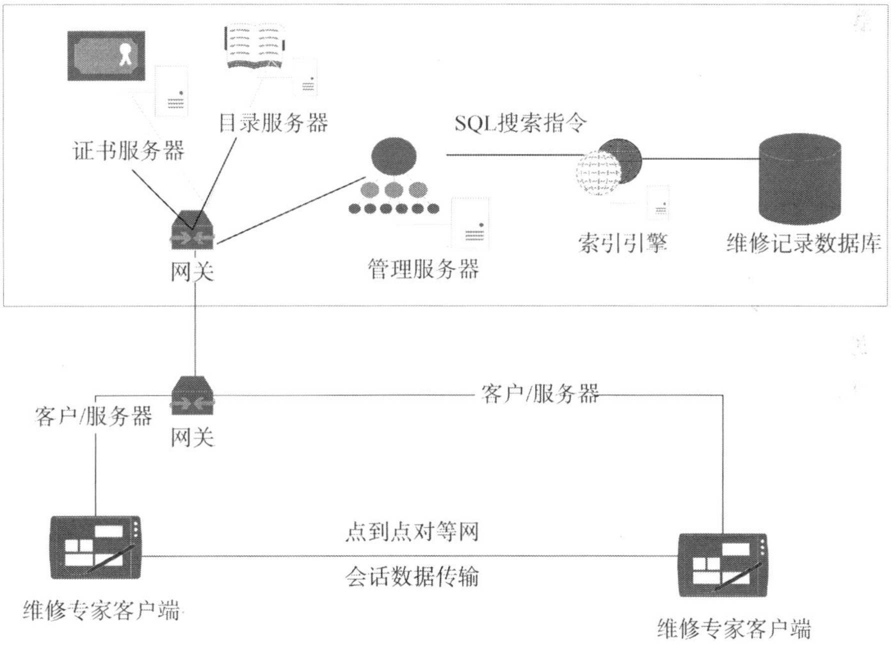

图 9-1 系统结构

图 9-2 为安装在维修专家移动设备上的维修客户端系统体系结构及数据交换协议，由图像处理工具包、图像浏览器、安全模块、数据库访问模块、呼叫管理模块和音视频会议模块组成。其中图像处理工具包和图像浏览器模块，实现了故障图片白板功能；安全模块、数据库访问模块和呼叫管理为客户端软件的核心功能。安全模块通过安全套接层（SSL）协议的加密功能保证数据的机密性，数据库访问模块帮助用户应用程序与远程关系数据库互联；呼叫管理模块负责远程视频会议的呼叫管理，包括通信会话的建立、中断和撤销。音视频数据传输通过无连接的 UDP 协议（用户数据报协议）实现，而 TCP

(传输控制协议)连接协议负责文本和控制命令的数据传输，对等网会话连接主要用于维护专家之间音视频通信，而中心控制方案用于核心模块通信，这样与维修管理服务器模块通信采用客户/服务器架构，维修技术人员之间通话采用对等网方案。

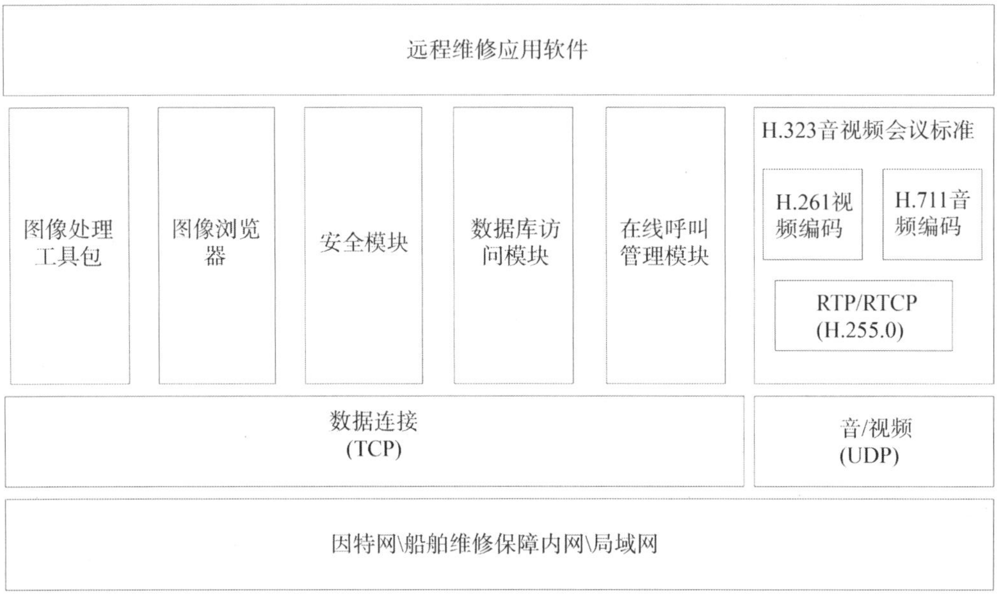

图 9-2　维修客户端层次结构

下面进一步描述系统功能的实现。其中在线呼叫是系统的主要功能，其呼叫建立的工作流程描述如下：

第 1 步：当某维修专家 A 需要发起一次故障会诊会话时，他首先向管理服务器发送一个“初始化申请”消息，并用 A 的私钥对该消息加密。

第 2 步：管理服务器接收到“初始化申请”消息后，用 A 的公钥解密，如果身份验证成功，把 A 的名字加入在线专家列表，管理服务器会实时把更新的在线专家列表，分发给所有在线已注册的维修专家。

第 3 步：当 A 从在线专家列表中选择了专家 B，表明 A 想要与 B 通信，A 的维修客户端向 B 的客户端发送“合作申请”消息。

第 4 步：B 收到该呼叫连接消息后，回传 A 同意或拒绝的消息。

通信会话建立后，如果 A 和 B 具有相同的数据访问权限，会话中需要共享同一段船舶数据时的工作流程描述如下：

第 1 步：A 向管理服务器发送以数据访问申请的 SQL 语句，例如检索某一时间段内故障设备的传感数据，管理服务器从后台数据库中检索出申请数据并回传给 A。

第 2 步：随后 A 向 B 发送同样的 SQL 语句，B 收到后向管理服务器转发相同的数据访问申请消息，并在通过身份验证后从管理服务器接收相同的查询结果。

这种方式需要 A 和 B 具有相同访问权限，协作故障诊断会话通信时序图如图 9-3 所示。

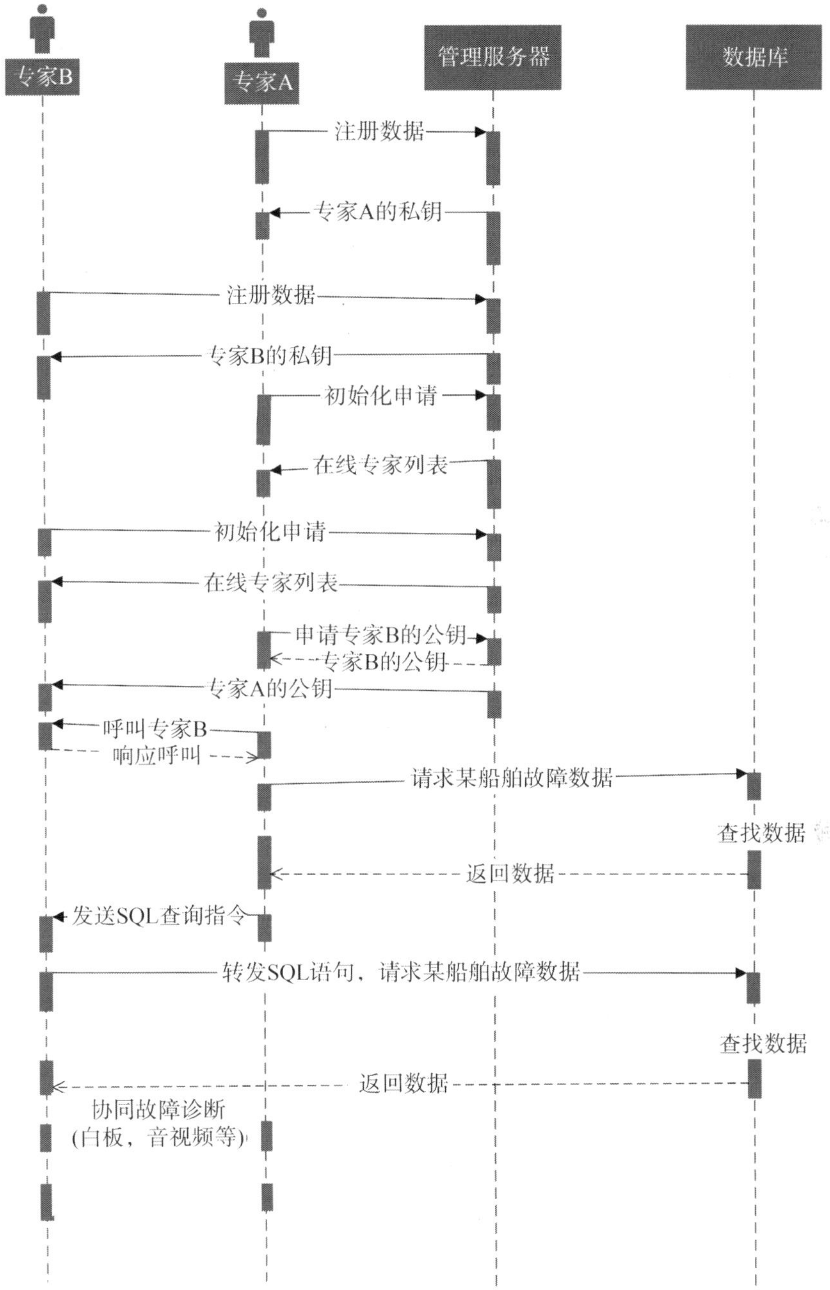

图 9-3　协作故障诊断会话通信时序图

如果 A 和 B 对于模型设备具有不同的访问权限，则数据访问采用另一种流程，如图 9-4 所示。

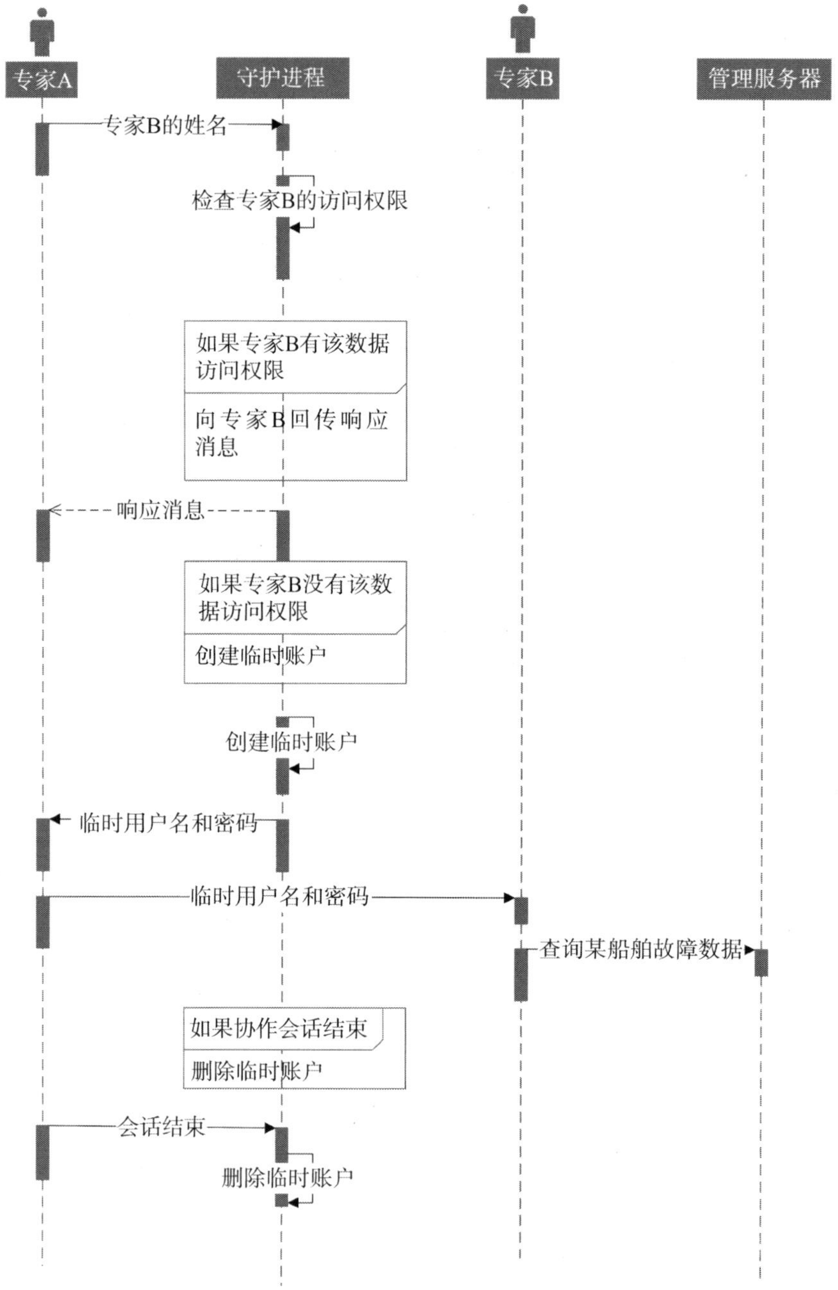

图 9-4　权限不同时的协作会话消息交换时序图

系统给每一个维修专家都会分派一至多个角色，角色既可以按所属地区分类，也可以按所属的机构或专长分类，同一个角色具有相同的数据库访问权限。当两名以上维修专家，在一次协作故障诊断中，如果需要对故障数据进行交叉验证，而且只有其中一名专家能够访问该数据的权限时，如果允许授权专家把数据直接转发给非授权专家，则可能造成安全漏洞也会给授权专家客户端造成较大流量负载。为此，在管理服务器上设计一个守护进程，由守护进程管理用户与数据库的交互。当非授权用户由授权用户引荐访问某段数据时，守护进程为该非授权用户创建一个临时账户，当协作终止时，临时账户也随之删除。设专家 A 与 B 建立了一次协作故障诊断会话，当 A 请求访问数据库中某段维修数据时他会同时把 B 的身份证书发送至守护进程，守护进程根据预先设置的规则，判断专家 B 是否也能访问 A 相同的信息。如果可以，则创建一个临时会话账户，该账户在这段会话期间有效，且只能访问该段数据，账号信息返回给专家 A，最后 A 再把该账号证书转发给 B，由其访问数据库时出示给管理服务器。

进一步描述维修数据及故障图片的传输。维修记录保存在管理服务器的专用数据库中，维修记录包括设备基本档案、维修历史、诊断历史以及存储的多媒体照片等数据。当前维修记录中的图片数据没有统一的文件格式标准，为了查询方便，需要包括描述字段，用于存储设备名称、记录大小、分辨率压缩格式、扫描类型等信息，针对不同的文件格式需要设计不同的查阅器模块，同时该图像查阅器还需要支持实时的双向图像交互显示，基本功能包括：

（1）图像编辑：可以对图像中感兴趣区域（ROI）进行编辑。

（2）标注：可以对感兴趣区域进行标注。

（3）多颜色通道：专家可选择用不同光谱或颜色显示图片。

（4）对比度和亮度调整。

（5）图像放大或缩小。图像查阅器的以上功能都能实时的在参加会诊会话的专家客户端界面上完成。

进一步描述音视频数据的传输。音视频数据传输可以利用微软公司的 Netmeeting SDK 实现，Netmeeting 是微软的多媒体会议工具包，它以点到点连接的方式支持因特网或内网的视频会议，音视频会议采用 TCP 和 UDP 双通道方式实现，TCP 用来传输文字数据和呼叫控制命令，UDP 用来传输音视频数据，Winsock 套接字支持网络层与应用层的数据传送。在应用层支持音视频会议的国际标准 H. 323，H. 323 提供了一套音视频的编码译码标准库，支持以不同速率和服务质量在因特网上传输音视频数据，该标准是基于实时传输协议 RTP 和实施传输控制协议 RTCP 实现的。

下面进一步描述系统身份认证过程的实现。系统通过数据加密和数字签名来保证通信安全，在用户注册时，管理服务器发送维修专家专用的私钥，对应公钥保存在 LDAP

（轻量目录访问协议）服务器上。在初始化阶段，管理服务器负责定位检索整个系统所有的公钥列表，管理模块周期性检查 LDAP 服务器上证书撤销列表，及时删掉失效证书中对应的专家账号。

由于维修数据包括大量多媒体及文档信息，所以常规关系型数据库无法完全满足要求，为此加入了两种检索模式：全文检索和元数据检索。全文检索模式为每一个关键字维护一个包含该关键字的文件列表，同时为文件列表中每一个文件计算一个该关键字的重要度指标，例如以 TF-IDF（词频-逆向文件频率）公式进行计算。

第10章　船舶远程保障资源分配系统

10.1　问题描述

当船舶出航发生设备故障，如果本船技术人员无法解决，即无法找到解决办法或本船缺少备件无法修复时，需要汇报给远程岸基保障中心，由保障中心组织后方或故障船舶周围的技术力量，提供及时准确的技术保障，其中保障资源的调度分配（包括技术力量及其备品备件）非常关键，当前缺乏这方面的有效解决方案。

10.2　资源分配方法

为了克服已有技术的缺陷，为了解决保障资源的协调问题，提出一种面向服务的船舶远程保障资源分配方法。部署在船舶不同监测点上的船舶设备传感器，通过船域网与船舶技术状态服务器连接，根据所监测的设备不同，它们的监测传感器也具有不同的特点，传感器采集的数据反映了设备的工作状态。

首先，船舶技术状态服务器综合各监测点传来的传感数据，并检测可能出现的故障。

其次，技术状态服务器进行初步诊断，如果故障无法排除，向远程保障中心发出保障请求，诊断算法应该能够根据传感数据表示的故障现象，估计出可能的故障原因，诊断算法描述如下。假设 F_j 代表故障原因，$j=1, 2, \cdots, m$，x_j^i 代表对应 F_j 的第 i 个可观测的故障现象，$i=1, 2, \cdots, n$。如果某类型故障 F_j 出现的概率 $p(F_j)$ 已知，且对应第 j 类故障 F_j 的现象 $x_1^j, x_2^j, \cdots, x_l^j$ 已知（$1 \leqslant l \leqslant n$），根据贝叶斯法则，则有

$$p(F_j \mid x_1, x_2, \cdots, x_n) = \frac{p(F_j, x_1^j, x_2^j, \cdots, x_l^j)}{p(x_1^j, x_2^j, \cdots, x_l^j)} \tag{10-1}$$

假设 $p(x_1^j \mid F_j)$，$p(x_2^j \mid F_j)$，…，$p(x_l^j \mid F_j)$ 统计无关，则有

$$p(x_1, x_2, \cdots, x_n) = \sum_{k=1}^{m} p(x_1^k \mid F_k)p(x_2^k \mid F_k)\cdots p(x_l^k \mid F_k)p(F_k) \tag{10-2}$$

$$p(F_j, x_1^j, x_2^j, \cdots, x_l^j) = p(x_1^j \mid F_j)\cdots p(x_l^j \mid F_j)p(F_j) \tag{10-3}$$

把式（10-3）和式（10-2）代入式（10-1），有

$$p(F_j \mid x_1, x_2, \cdots, x_n) = \frac{p(x_1^j \mid F_j)p(x_2^j \mid F_j)\cdots p(x_l^j \mid F_j)p(F_j)}{\sum_{k=1}^{m} p(x_1^k \mid F_k)p(x_2^k \mid F_k)\cdots p(x_l^k \mid F_k)p(F_k)} \tag{10-4}$$

式中，$p(F_k)$ 代表第 k 类故障出现的概率；$p(x_i^j \mid F_j)$ 代表出现第 j 类故障（F_j）时可观测到现象 x_i 的概率。

以上 2 个数值决定了公式（10-4）的精确度，其中 $p(x_i^j \mid F_j)$ 可以通过统计设备历史故障现象及对应原因得到，设 y_j 为第 j 类故障 F_j 发生时观测到现象 x_i^j 的可能性，y_j 为 0 或为 1，则有（$1-p_j$）没有观测到现象 x_i^j，有 p_j 可能性观测到 x_i^j，y_j 的分布可由伯努利实验表示为

$$pmf(y_j) = p_j^{y_i}(1 - p_j)^{1-y_i}, \ 0 \leqslant p_j \leqslant 1 \tag{10-5}$$

当船舶技术人员无法解决设备故障时，通过远程广播手段向周围水域发出保障请求信号，同时通过海事卫星或其他远程通信设备，向远程保障中心发出保障请求消息，如果故障船舶周围有其他船舶收到保障请求信号，并具备相应的备品备件或技术专家，则向保障中心发出接收请求消息，并主动靠近故障船舶。

如果无法得到周围船舶支持，保障中心首先根据故障设备的类型查找相关领域专家名册，为了提高资源利用效率，远程保障专家实施分组管理，既可以纵向按单位分组，也可以按行业协会横向分组。所以当收到保障请求消息时，保障中心先向专家组管理者发出保障请求，再由专家组管理者通知下属可以参加保障的单位或个人。保障请求消息应该包括故障基本信息，例如发生故障的设备型号、名称、出厂时间、当前船舶所处位置、故障现象、当前工况、采集到的设备监测数据，所需保障类型等。

当有专家表示愿意参加本次远程会诊或保障行动，则该专家被标记为支援者，并赋予一个支援者代码，作为参加本次远程保障的访问权限。每一个支援者都有一个数字简历，该简历描述他的身份、当前位置、专业特长、历史保障记录等，支援者的电脑或手机应该安装客户端软件，能够发现、加入或离开远程会诊组，并能够通过本系统客户端与其他支援者交互。

保障中心一旦收到保障请求消息，首先初步分析得到故障级别，随后与专家组管理者或专家联系，选出远程会诊的专家组成员，当参加本次保障的专家组成员完全确定后，在网上建立远程会诊室，帮助各成员进入网上会诊室进行故障分析和处理。

10.3　系统设计与实现

船舶远程保障资源分配系统可以采取 3 层中间件形式实现，船舶技术保障数据流程如图 10-1 所示，层次结构如图 10-2 所示。

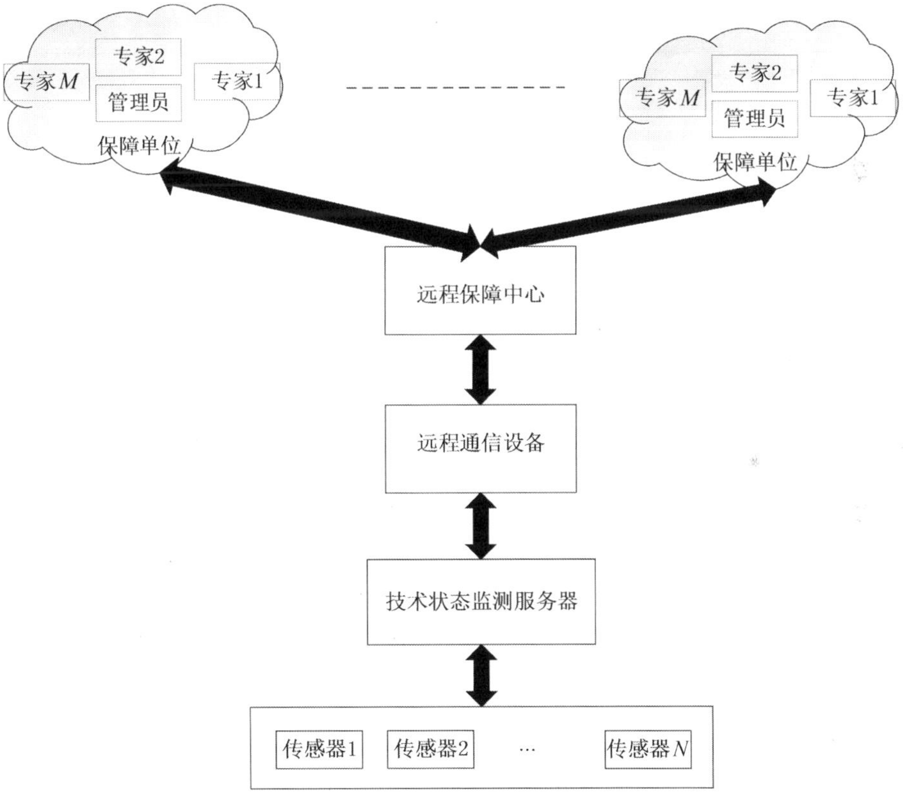

图 10-1　船舶技术保障数据流程

图 10-2　层次结构

底层监测层的工作流程为：

（1）管理船载设备监测传感器。

（2）采集传感器数据，并把多个传感器数据融合为设备工况信息。

（3）把设备工况信息分发至所需要的诊断监测服务。

（4）判断船舶是否发生故障。

（5）在紧急状况时向远程保障中心报警。

监测层可在开放服务网关建议（OGSI）结构之上开发，开放服务网关建议提供了面向服务的组件支持，简化了传感器的软件生命周期管理。工作步骤具体描述如下。

第 1 步：工况采集服务向船舶设备传感器发出请求，要求得到传感器的设备监测数据，采集频率可以由船舶技术人员事先设定，也可以由远程专家发出的配置文件改变。

第 2 步：当采集到工况数据后，采集服务把传感数据转送到工况存储服务和聚合服务，存储服务根据存储规则存储重要的监测数据，以便故障回溯分析。

第 3 步：聚合服务可以从存储服务中提取过去存储的正常状况下的设备工况信息，进行关联分析，形成格式化的设备基线工况。如果当前采集到的工况信息与基线工况相比发生较大变化，则表明可能出现故障，需要向上层服务发出保障请求消息。聚合服务把不同设备的数据综合关联，检测可能出现的故障。

诊断算法描述如下。假设 F_j 代表故障原因，$j=1, 2, \cdots, m$，x_j^i 代表对应 F_j 的第 i 个可观测的故障现象，$i=1, 2, \cdots, n$。如果某类型故障 F_j 出现的概率 $p(F_j)$ 已知，且对应第 j 类故障 F_j 的现象 $x_1^j, x_2^j, \cdots, x_l^j$ 已知（$1 \leqslant l \leqslant n$），根据贝叶斯法则，计算公式如下

$$p(F_j \mid x_1, x_2, \cdots, x_n) = \frac{p(x_1^j \mid F_j)p(x_2^j \mid F_j)\cdots p(x_l^j \mid F_j)p(F_j)}{\sum_{k=1}^{m} p(x_1^k \mid F_k)p(x_2^k \mid F_k)\cdots p(x_l^k \mid F_k)p(F_k)}$$

式中，$p(F_k)$ 代表第 k 类故障出现的概率；$p(x_i^j \mid F_j)$ 代表出现第 j 类故障（F_j）时可观测到现象 x_i 的概率，其中 $p(x_i^j \mid F_j)$ 可以通过统计设备历史故障现象及对应原因得到。

第 4 步：最后分发服务把工况数据分派发送给订阅过该工况信息的船舶工况监测工作台或远程保障中心，例如当出现紧急状况时分发服务把呼叫请求消息发送给远程保障中心。图 10-3 描述了保障参与方之间的消息交互。

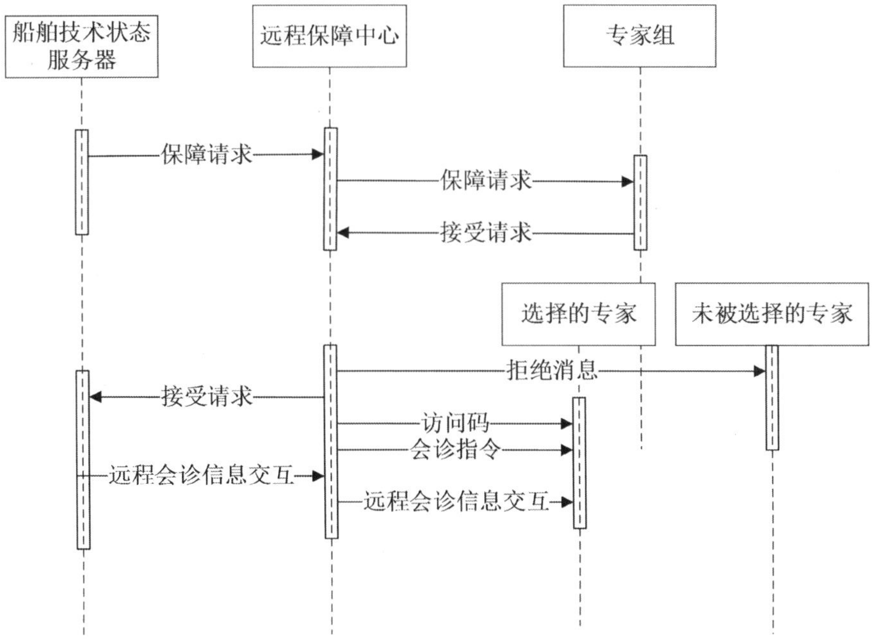

图 10-3　保障参与方之间的消息交互

第 1 层为保障请求及交互层，负责船舶技术状态服务器和远程保障中心之间的信息确认和传输。

第 2 层为资源分配层，建立会诊组的信息交互，如图 10-4 所示。一旦收到“工况分发服务”的保障请求消息，呼叫中心的“专家分配决策支持服务”与专家组管理者（科研机构或行业协会的远程技术保障协调者）安装的“专业检索服务”协调，检索得到属于这次远程保障技术领域并有空闲时间的专家列表，当调阅“专家简历服务”后，“专家分配决策支持服务”进一步获取专家的擅长领域、服务记录以及与保障中心的信任程度等，通过下述选择算法得到适合的会诊专家组成员，最后与“会诊专家组建立服务”协调，建立一个新的网上会诊电视会议室，并邀请成员加入。

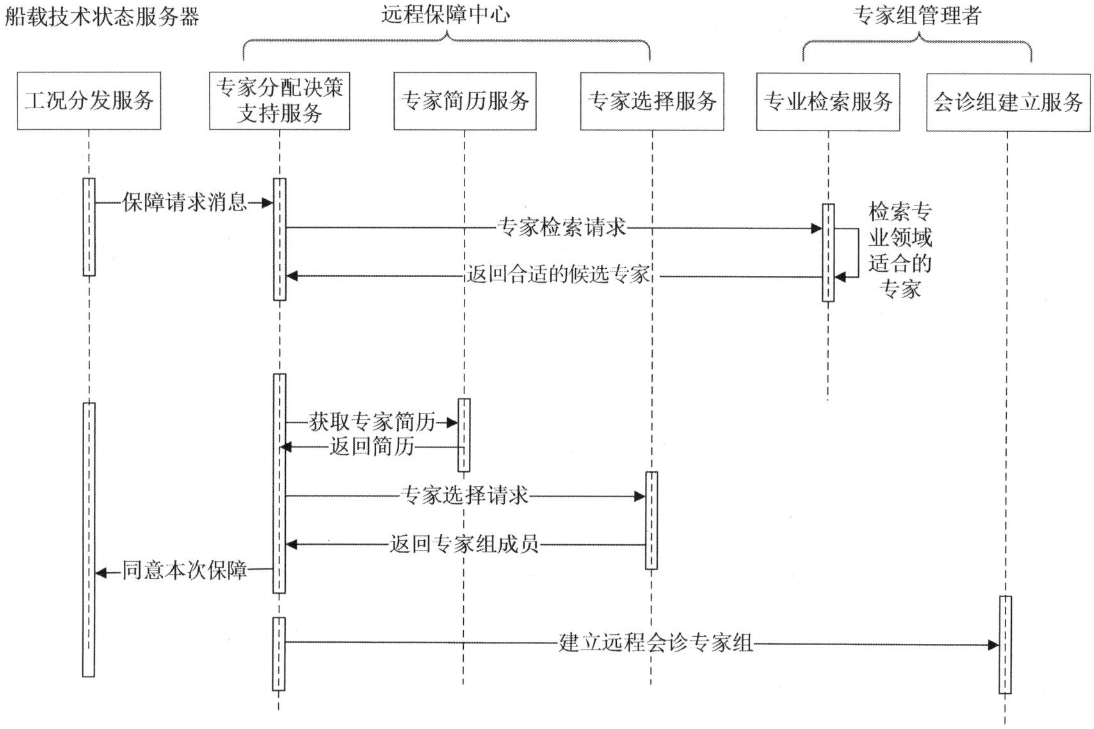

图 10-4　建立会诊组的信息交互

专家选择算法如下。设 E_k，$k \in \{1, 2, \cdots, N\}$ 代表在远程保障中心及相关机构注册的技术专家，每一个专家都赋予一个属性表，属性表结构如表 10-1 所示，例如 X_1 表示该专家的特长，X_2 表示提供船舶远程保障的历史记录，X_3 表示保障中心对他的信任程度。由保障中心维护并修改专家属性表。

图 10-5　属性表结构

专家 ID（E_i）	属性 1，X_1	属性 2，X_2	属性 3，X_3	…	属性 f，X_f
E_1	$X_{1,1}$	$X_{1,2}$	$X_{1,3}$	…	$X_{1,f}$
E_2	$X_{2,1}$	$X_{2,2}$	$X_{2,3}$	…	$X_{2,f}$
E_3	$X_{3,1}$	$X_{2,2}$	$X_{3,3}$	…	$X_{3,f}$
…	…	…	…	…	…
…	…	…	…	…	…
…	…	…	…	…	…
E_N	$X_{N,1}$	$X_{N,2}$	$X_{N,3}$	…	$X_{N,f}$

另外保障中心设置了 M 个紧急级别，保障紧急级别矩阵表如表 10-2 所示。对于每一个紧急级别 e_i（$i \in \{1, 2, \cdots, M\}$）和对应属性 X_j（$j \in \{1, 2, \cdots, t\}$），保障中心指派一个权重 w_{ij}和三个参数，它们分别是：

（1）最小支援时间，用 θ_i表示，它表示该类紧急级别的故障得到技术支援的最小要求时间。

（2）选择候选专家的接受阈值，用 γ_i表示，它表示候选专家专长与解决该类故障所要求技能之间的量化差值。

（3）从专家收到保障请求消息前的最大等待时间，用 τ_i表示，它表示该类紧急级别的消息从发出到收到回复的最小时间间隔。紧急级别由保障中心人员根据故障类型和任务类型来判定，当选择到一个候选专家后，系统向他转发一个加入候选组的加入请求消息，该消息字段包括候选组代码、处理该类型故障的注意事项、故障船舶的位置、需要的备品备件信息（名称、类型和数量）等。事项、故障船舶的位置、需要的备品备件信息（名称、类型和数量）等。

表 10-2　保障紧急级别矩阵表

保障级别	属性 1，X_1	属性 2，X_2		属性 f，X_f	支援时间	接受阈值	等待时间
e_1	$w_{1,1}$	$w_{1,2}$	…	$w_{1,f}$	θ_1	γ_1	τ_1
e_2	$w_{2,1}$	$w_{2,2}$	…	$w_{2,f}$	θ_2	γ_2	τ_2
e_3	$w_{3,1}$	$w_{2,2}$	…	$w_{3,f}$	θ_3	γ_3	τ_3
	…	…	…	…	…	…	…
e_M	$w_{M,1}$	$w_{M,2}$	…	$x_{M,f}$	θ_M	γ_M	τ_M

“专家分配决策支持服务”发出加入请求消息后，将等待一个阈值时间 τ_m，这段时间内一直等待候选专家的回应消息，当 τ_m 过期或接收到所要求数量的技术专家回应后，“专家分配决策支持服务”根据专家的专业接近程度（用 γ_i 表示）及最小支援时间（用 θ_i 表示）等，对候选专家排序，并且按以下公式从排序后的专家列表中进一步筛选

$$\sum_{p=1}^{f} X_{k,\ p}\, w_{m,\ p} \gg \gamma_m$$

式中，$X_{k,p}$ 代表专家简历矩阵表中的属性；$w_{m,p}$ 表示紧急级别矩阵表中的权重，当会诊专家组成员确定后，“专家分配决策支持服务”与会诊协助层交互，开始远程保障。

第 3 层为会诊协作层。当发生紧急状况时，“会诊组建立服务”会建立一个新的网上会诊电视会议，为此“会诊组建立服务”与“权限管理服务”协调，按照 UU ID 命名规则随机生成并指派会诊组名称代码和专家代码；随后“会诊组建立服务”要求“专家分配决策支持服务”提供保障船舶的故障描述信息（包括船名、类型、位置、故障现象、紧急级别等）和专家组的专家名单；再后，“会诊组建立服务”与“组管理服务”协调，邀请会诊组的专家加入电视会议。

会诊期间，“视图管理服务”创建维护和分发会诊组成员视图，每一个会诊视图包含了该次会诊的组成员列表及对应专家的简历信息、故障设备、船舶的维修记录以及注意事项等。另外，由于专家可能处于移动之中或中间有事可能临时退出，“视图管理服务”需要与“组管理服务”配合来维护视图，“组管理服务”周期性地发送广播消息给所有组成员，如果在一个阈值时间内没有收到应答消息，则可以认为该成员失去联系。通过以上办法，“组管理服务”可以监控组成员的加入、离开或退出事件。

船舶技术状态服务器需要安装操作系统和监控层，同时必须有远程通信能力和 GPS 支持，远程保障中心需要安装资源分配层和协作层，专家终端可以为电脑或手机，安装协作层。船舶需要在保障中心注册，专家需要在保障中心或下属专家组管理者注册。会诊流程描述如下：

当船舶设备发生故障时，发送保障请求消息给保障中心，保障中心通过专家组管理者与候选专家取得联系，一旦接收到专家的回复消息后，保障中心通过选择算法组建会诊组并建立网上会诊电视会议室。首先，通过保障中心“会诊建立服务”和“权限管理服务”，创建会诊组标志符和组成员专家标志符，专家访问终端上安装的“组管理服务”模块能够接收到会诊组广播消息，并邀请选中的专家加入会诊会议，当专家通过“组管理服务”加入会诊组后，“视图管理服务”在组视图中提供各个专家的简历、服务时间、故障基本情况、分工协作情况和注意事项等。

第 11 章　船舶远程维修对等网

11.1　问题描述

船舶装备的设备类型多，故障原因复杂，需要多个领域的专家或技术人员通力合作，才能尽可能地减少失误，提高维修效率。当前远程维修领域中技术专家的合作还局限于同一组织内部的协调，远程维修或远程诊断系统采用服务器/客户之间点到点通信的集中式结构。然而远程维修力量的合作是一个复杂的任务，围绕呼叫中心为重点的集中式组织结构缺乏必要的灵活性和可扩展性。另外，由于船舶数据较为敏感，船载设备大多具有自己的知识产权，集中存储会限制远程维修系统的使用，而且只有通过访问策略和规则的用户，才可以读写船舶设备性能数据，所以对于船舶远程维修而言，安全性和隐私性也尤为重要。

11.2　系统设计与实现

维修对等网支持不同维修实体（组织或个人）之间各种复杂类型的信息交互，如图 11-1 所示。船载技术人员可以通过维修对等网搜索船舶维修资料或与远程专家交互咨询。例如某船舶在航行途中发生故障，需要更换某型零配件，这时可以访问维修对等网寻求帮助，维修对等网根据船舶的预定航线、保险范围、备件商地址和备件库存量等信息，为其寻找最合适的备件商列表。除此以外，维修对等网还支持更为复杂的信息交互。当船舶发生故障需要远程支援时，船舶本地技术人员输入故障设备类型及故障现象等，维修对等网可以代为搜索最合适的该故障领域的技术专家，并联系他们，向其提供所需的船舶档案、维修记录及在线监测数据。另外，维修对等网还支持故障预测及船舶在线状态监测功能，船舶采集的设备监测数据借助维修对等网可以发送到远程保障服务提供商，它通过后台强大的云计算能力和故障预测算法进行关联分析，判断船舶当前工作状态，并提供适合的维护保障方案。远程资源服务商也可以把计算结果输出给维修对等网，由其根据预案寻找合适的领域专家协同诊断，如果某一位专家没有空闲，也可以根据规则搜索另外的候选专家，并在参与此次保障任务的专家和机构之间建立通信会话，维修对等网信息流如图 11-2 所示。

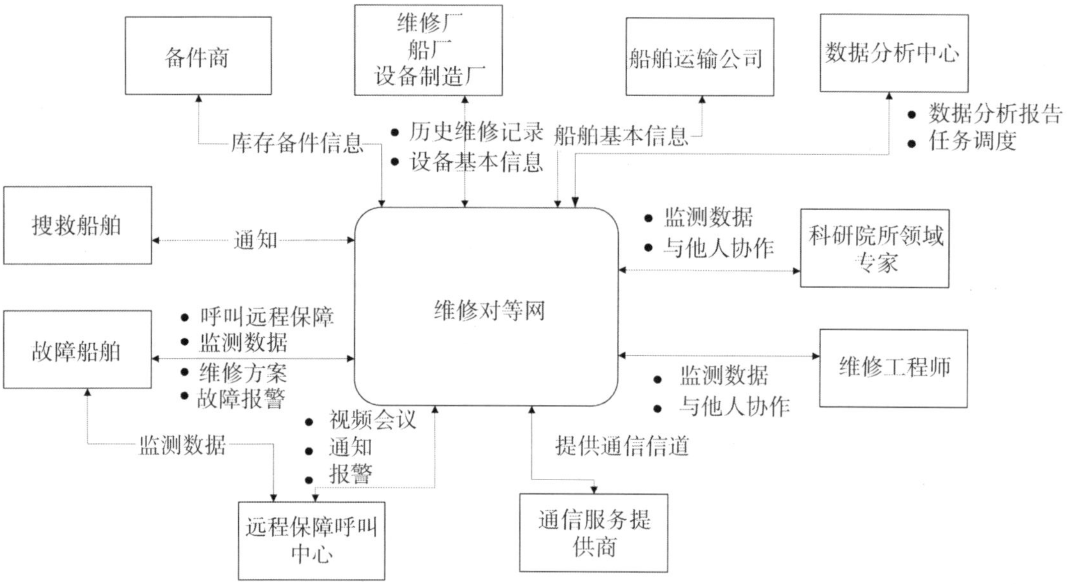

图 11-1　维修对等网与保障单位的相互关系

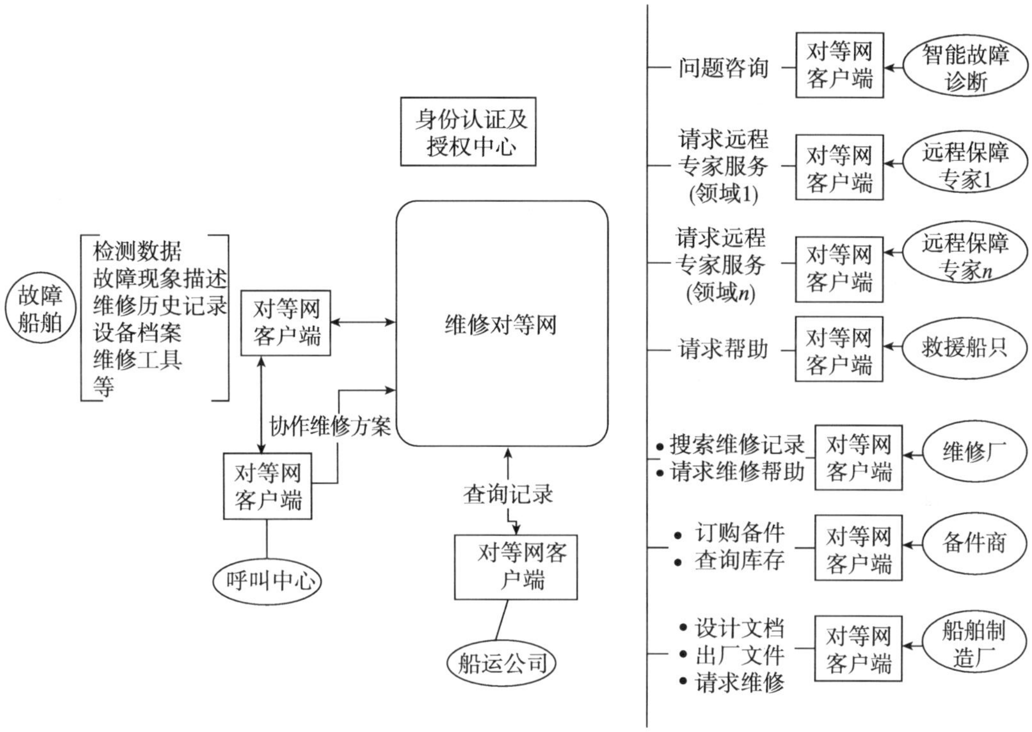

图 11-2　维修对等网信息流

在结构化维修对等网中，具有较大的计算能力和网络资源的节点称为超节点，由超节点负责不同组之间的节点信息传输，从而达到负载平衡和网络监测的目的。维修对等网按地域分成不同的区域覆盖网，同一区域的覆盖网又可按不同分类标准分成覆盖子网，这些分类标准包括：按保障作用分类（研究领域专家、维修技术专家、备件提供商、数据分析专家等），按机构分类（维修厂、制造厂、呼叫中心、政府救援部门），按类型分类（同一型号的船舶保障）。对等网中每一个成员都可以通过通信设备进行信息交互。

维修对等网包括 4 个层次，每一个层次包含独立的覆盖网络，如图 11-3 所示。这些覆盖网络提供的功能包括：

（1）维修实体之间的逻辑连接；

（2）分布式存储机制；

（3）覆盖网络路由功能。

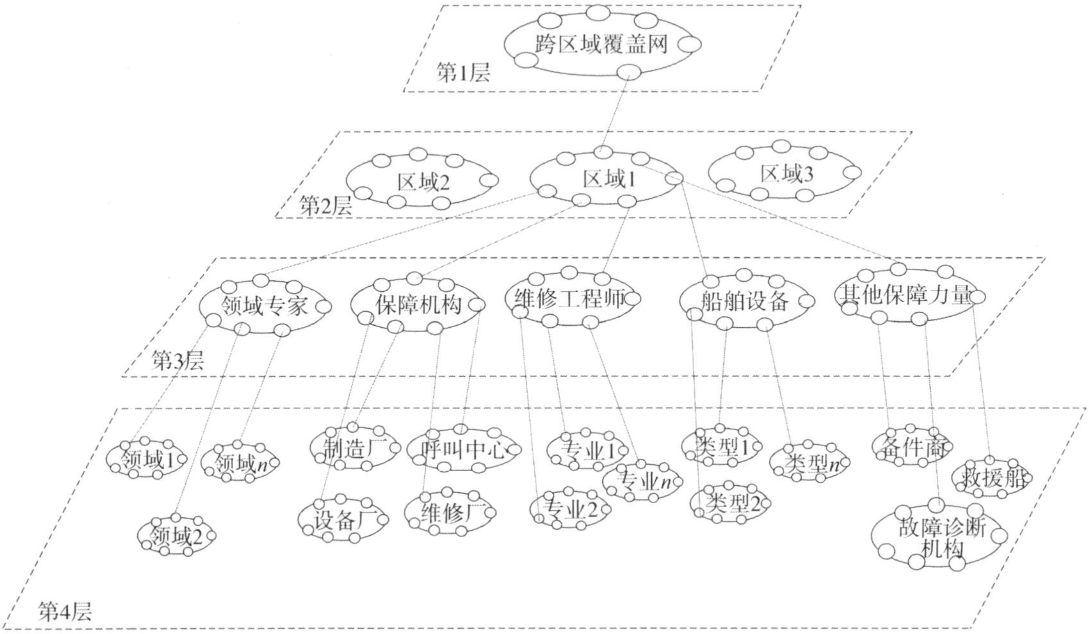

图 11-3　维修对等网层次结构

第 3 层根据维修实体的作用划分了不同的覆盖网络，包括：

(1) 船舶类型子网；

(2) 保障结构子网；

(3) 领域专家子网；

(4) 工程技术人员子网；

(5) 其他保障力量子网。

这些覆盖网络又可以进一步分成第 4 层子网，这些成员作用相似，但还有其他不同，比如专长或研究方向不同。例如第 3 层的领域专家，又可以包括几个第 4 层覆盖子网，分别是机械设备专家子网，电子设备专家子网，通信专家子网等，这样可以帮助船舶技术人员更加高效地寻找解决故障的专家，另外当某专家需要其他领域专家提供帮助时，也比较方便。保障结构子网也可进一步划分为呼叫中心子网、专用设备制造商子网、造船厂子网、保障单位子网、科研院所子网等，在保障结构里，因为领域专家是在上班时间通过所属单位提供服务，所以他们以覆盖网节点的形式提供服务。其他维修成员也可以划分不同的覆盖网或覆盖子网，同一型号船舶划分成一个子网，有助于共享相同或相似的维修知识和维修资源。

第 2 层可按地域或管理区域划分，顶层负责不同区域的覆盖网互联，不同区域成员之间的互联也非常重要，例如某特殊故障可能需要不同区域的专家来提供帮助。多个超级成员的存在，可以保证某成员实效时，网络连接能继续工作。另外，每一个覆盖网都存在一个管理节点，他负责维护该覆盖网络的结构，当有新的成员加入或现有成员退出时都要通知管理节点进行登记或注销，管理节点必须安装防火墙或杀毒软件，以防被攻击。

安全方面，当某一用户加入维修对等网前，首先必须在授权中心注册，当用户身份通过认证后，授权中心给该用户提供数字证书，数字证书中包括用户名、密码和一对公玥和私钥，当用户与其他成员交换信息或在分布哈希表中存储消息时，可以用该公/私钥对加解密消息。另外，当该用户要维修对等网时，需要提前知道管理节点的 IP 地址和公钥，登录管理节点后，用户名和密码用于身份验证和授权，每一个成员按照授权的角色访问服务和数据，当成员之间交换消息时，发送者用接收者的公钥加密消息，接收者收到消息后再用自己的私钥解密。

每一个覆盖网中，管理节点和超级节点都属于安全实体，负责密钥分发和维护，管理节点还需要生成并更新密钥，并向超级节点提供密钥，超级节点负责向覆盖网中自己分管的节点发送密钥。

维修对等网采用一种类似 chord 的覆盖网络结构，并附加了以下新的属性：

（1）每一个成员可以维护多个分布哈希表，每一类型信息有一个分布哈希表，数据分组允许用户以多个角色身份登录系统，另外由于每一种用户角色的访问权限不同，更加便于对使用策略进行监管。

（2）每一个维修对等网成员都可以更新他存储或拥有的文件，例如专家可以修改他的个人信息和当前休闲状态，当某段信息被修改后，所有与该信息关联的成员都将得到通知。

（3）维修对等网支持复杂查询。结构化对等覆盖网不支持具有多个检索规则的查询，即复杂查询。为此需要一种增强型路由机制，支持复杂查询。

类似于 chord，维修对等网中每一个成员都有一个成员 ID 号作为标志符，所有的成员标志符形成一个环形标志符空间，每个成员根据它在环形标志符空间的顺序，形成一个逻辑连接，每一个节点都与一批后继节点连接，成员与他的第 i 个后继节点之间的距离为 2^i 次逻辑跳步。如果覆盖网有 N 个成员，为了保持网络的稳定性和路由效率，每一个成员至少应该维护 $\log_2 N$ 个后继节点。存储在分布哈希表中的每一个数据项都有一个关键字作为标志符，关键字与成员 ID 号共享同一个标志符空间。进一步说明数据项在维修对等网成员之间的分发规则。如果一个数据项的关键字大于等于某成员的成员标志符，并小于它的第一个后继节点的成员标志符，则该成员存储这个数据项。每一个成员都维护一个路由表，用它存储其后继节点的位置信息。除了后继节点，成员也可以与标志符与自己标志符最近的节点通信，这些节点都存储其中，路由表和邻节点表都合并存储在指向表中。

下面进一步说明覆盖网的生成与维护方法。首先为覆盖网成员的加入过程，如图 11-4 所示。

第 1 步：向它所属的覆盖网管理节点发送一个“加入请求”消息。

第 2 步：管理节点计算新加入成员的指向表，并将该指向表和子网中超级节点的地址封装到“接受响应”消息，再把“接受响应”消息返回至新加入节点。

第 3 步：管理节点还要计算受新加入节点影响的所有节点的指向表（包括路由表和邻节点表），并在“转发接受响应”消息里封装修改后的指向表，并转发“转发接受响应”消息至受影响节点。

第 4 步：当新加入节点从管理节点接收到“接受响应”消息后，它向每一个后继节点、邻节点以及超级节点发送“连接请求”消息。

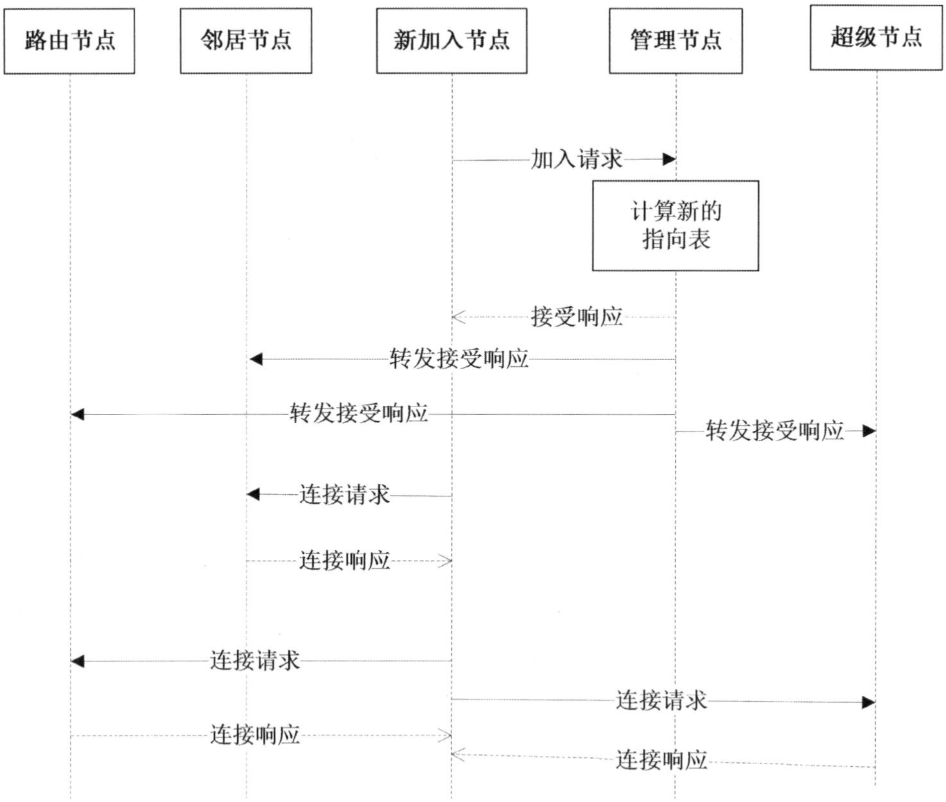

图 11-4　加入过程的消息交换时序图

下面描述覆盖网成员的退出过程，如图 11-5 所示。

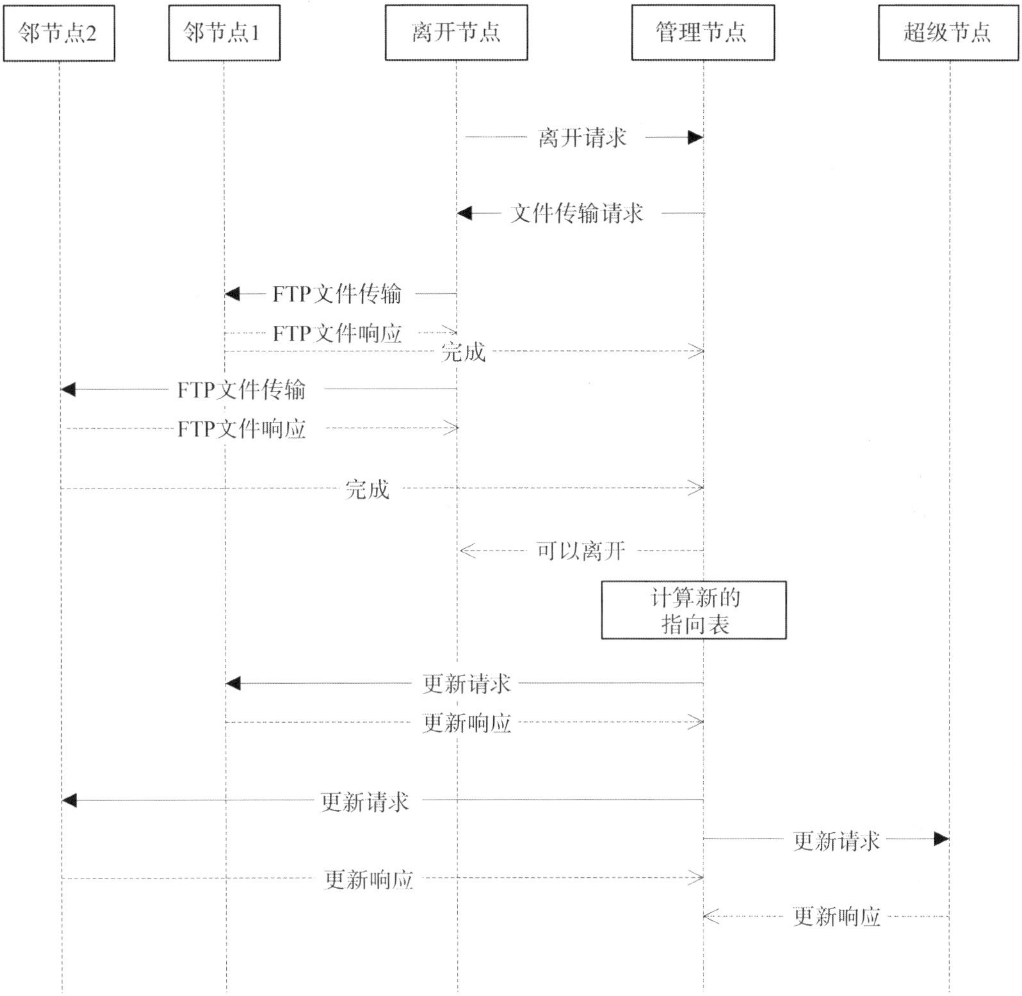

图 11–5　离开过程的消息交换时序图

第 1 步：它向管理节点发送“离开请求”消息。

第 2 步：随后管理节点向欲离开节点发送“文件传输请求”消息，要求离开节点把存储在其分布哈希表上的所有文件传输至邻节点。

第 3 步：当文件传输完成后，这些邻节点向管理节点发送“文件传输响应”消息。

第 4 步：管理节点向离开节点发送“离开允许”消息，表示该成员用户可以离开覆盖网。

第 5 步：管理节点计算修改后的指向表，并发送给离开节点的邻居和超级节点。

下面描述覆盖网成员的更新过程。成员可以更新自己的档案文件，例如专家出差或没有空闲时间时，可修改自己的空闲状态字段，或重新安排调度结果。当发生更新时，该成员向与其属于同一覆盖子网（第 4 层）的超级节点以及存储有自己数据的其他节点发送“档案更新”消息。对于存储有更新节点数据的其他子网成员，更新数据的成员所属子网的超级节点在收到“档案更新”消息后，把“档案更新”消息转发至存储有该档案信息的不同子网的超级节点，随后超级节点再把这些消息转发给本子网内存储有该信息的成员。

例如某机电组专家 A（属于第 4 层机电专家覆盖子网）发送“档案更新”消息给本子网超级成员 SP1，同时也把该消息发给复制有 A 的档案数据的本子网其他成员 1、成员 8 和成员 14。SP1 再把 A 的“档案更新”消息通过第 3 层的保障专家子网转发给第 4 层的电气专家组子网的超级成员 SP2，SP2 随后把 A 的“档案更新”发给存储 A 档案数据的本子网成员 1、成员 5 和成员 6，如图 11-6 所示。

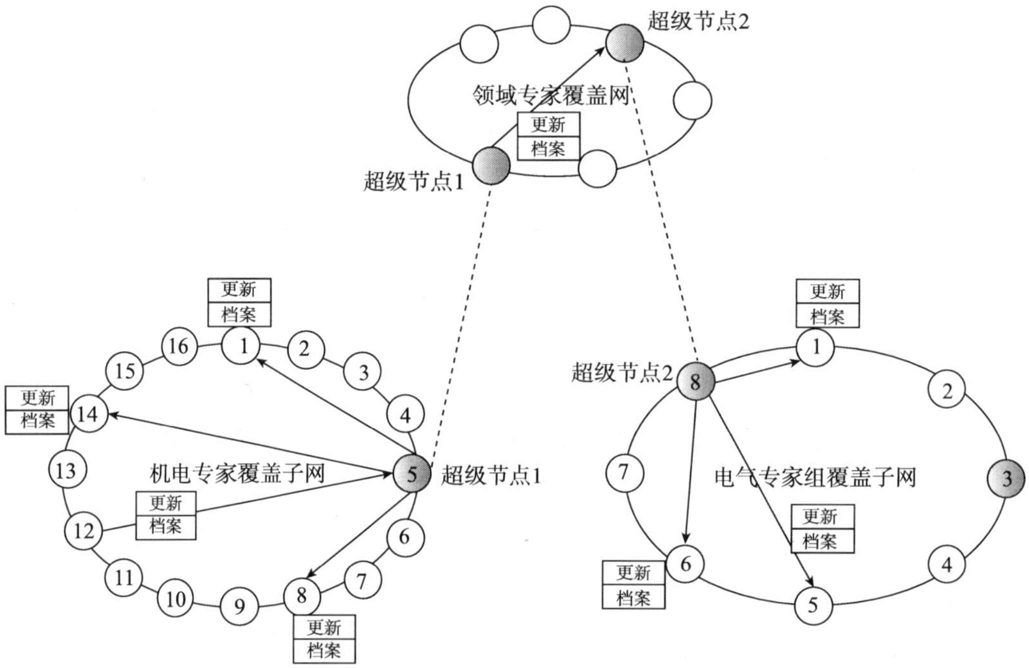

图 11-6　更新过程案例

下面描述维修对等网的搜索机制。对于简单查询而言，当一个成员按关键字搜索对应的数据项时：

第 1 步：检查自己的分布哈希表是否包含该数据项。

第 2 步：如果本身的分布哈希表不包含该数据项，搜索成员在自己的后继节点中查找标识符与该数据项关键字最接近的节点，把该搜索指令转交给该后续节点。

第 3 步：后续节点如果在它的分布哈希表中也没有找到该数据项，则循环递归下去，直至找到为止。

图 11-7 描述了一个简单查询算法的搜索过程，某机电专家组成员 1，其标志符为 1，搜索关键字为 12 的数据，它是同一覆盖层的另一名机电专家的档案数据，由于成员 1 本身的分布哈希表中没有存储该数据项，他查询成员 9，成员 9 也没有关键字 12，于是转发查询至成员 11，成员 11 找到 12 号关键字，并把该关键字对应的数据返回至成员 1。

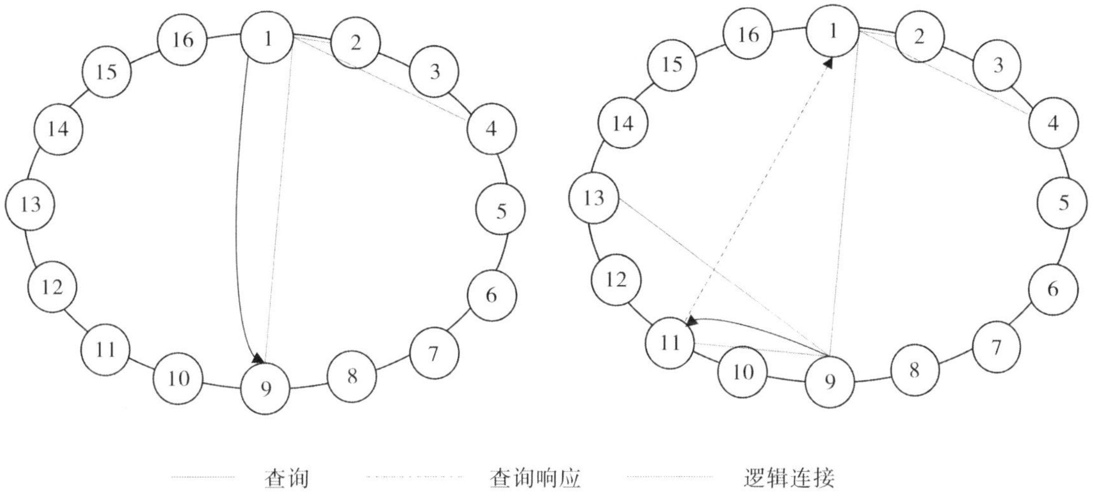

图 11-7　简单查询机制的案例说明

具有多个查询条件的命令称为复杂查询，时序图如图 11-8 所示。当某成员（IM，查询成员）发出复杂查询时：

第 1 步：它并发地向其后继成员（SMs（IM））和邻居成员（NMs（IM））发出“查询请求”消息，接收者处理该查询，检查自己是否存储了满足部分查询条件的条目，向查询成员返回消息，如果存储了部分满足条件的数据，则在“查询响应”消息中返回该数据，否则“查询响应”中包含否认响应以及被查询成员的后续成员和邻成员。

第 2 步：查询成员收到所有被查询成员返回的“查询响应”消息后，如果没有发现满足条件的条目，则发送“查询转发”消息给上一轮被查询的所有成员，“查询转发”消息除了包含查询条件外，还包含已经执行过该查询的成员列表。

第 3 步：一旦收到“查询转发”消息，被查询成员（SMs（IM）和 NMs（IM））检查其中的已执行过查询的成员列表，并把消息转发给尚未执行过该次查询的它的后续成员（SMs（SMs（IM））和 SMs（NMs（IM）））和邻居成员（NMs（SMs（IM））和 NMs（NMs（IM）））。

第 4 步：查询成员再继续等待新的被查询者返回的查询响应消息。这样每一轮查询中查询指令都被广播到新的成员，当查询者收到满足查询条件的条目后，算法停止。

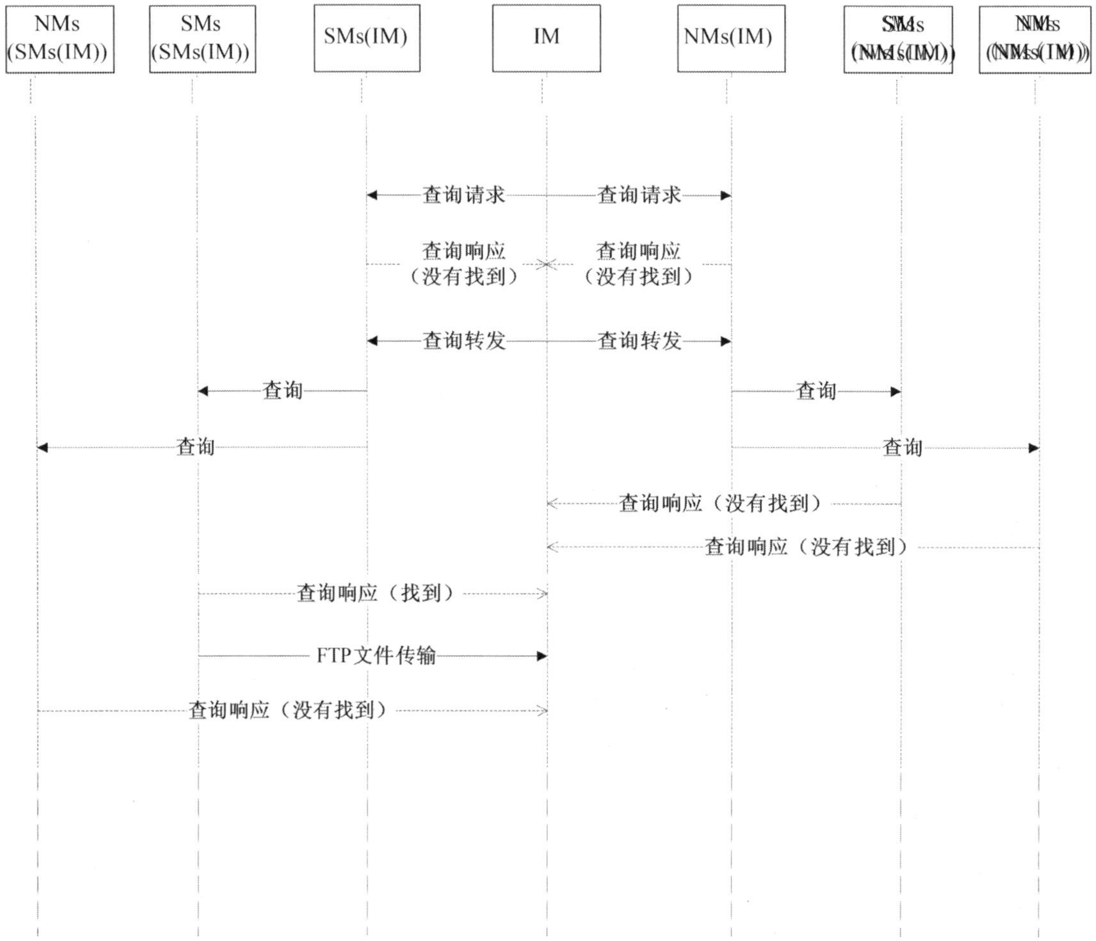

图 11-8　复杂查询消息交换时序图

举例说明如下，如图 11-9 所示。大部分故障船舶都有较为固定的技术保障结构或专家，有时也会咨询同类型船舶或装有同类型设备的技术人员，例如某船舶主机出现排气系统故障，为此需要寻找对其较为熟悉的专家，如果该专家没有空闲或无法解决问题，则维修对等网搜索同类型船舶覆盖子网的专家，即处理过类似设备故障的专家，搜索条件包括维修经验、专业等级、学历职称等，这属于复杂查询。船载技术人员即成员 1 首先查询后继节点 2、3、5、9 以及邻成员 2 和 16，如果这些成员也都回应无法解决或没有时间，成员 1 请求这些成员把查询转发至它们尚未执行该次查询的后续成员及邻成员，利于后续节点 2 查询成员 4、6、10。如果找到可用的专家而且他接受此次请求，维修对等网再向该专家发送请求加入维修消息。

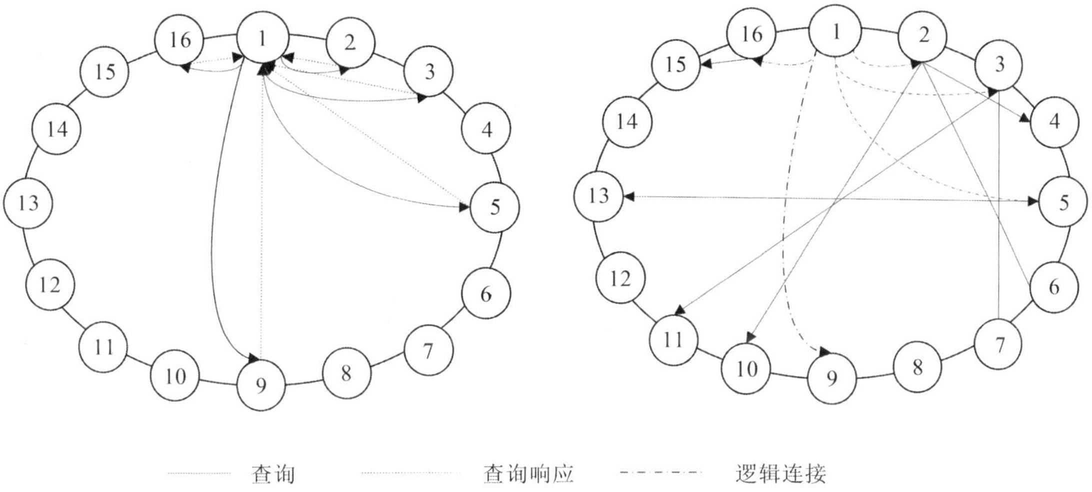

图 11-9　复杂查询案例示意图

另外维修对等网还支持跨层查询。当某成员在自己的覆盖子网执行简单或复杂查询，而没有找到符合的对象时，它可以把该消息发送到超级成员，由超级成员转发到其他覆盖层的超级成员，如果在其他覆盖子网的某成员找到请求的数据，该成员再通过这两个覆盖层的超级成员，把数据项传回至原来的查询成员，如果跨层查询也不成功，则表明系统不存在请求的信息。

下面举例说明维修对等网的工作流程。假设某船舶主机冷却系统工作不正常，船上技术人员 X 采集了最近监测的淡水、海水温度、压力流量等数据，X 从这些数据中无法确认是淡水管堵塞还是海水过滤器堵塞。于是 X 采取以下步骤：

（1）连接维修对等网，搜索到了专业数据分析中心 LC，它为有资质的专业保障结构，并与该船所属公司有长期合作关系（这属于复杂查询）。

（2）通过维修对等网提供的任务调度服务，请求 LC 根据监测数据进行数据关联分析和智能故障诊断。

（3）执行简单查询，搜索一名冷却系统专家，如果在 X 所属的对等网节点分布哈希表中没有找到合适的专家，该船舶发出复杂查询命令，按专业领域、当前可用状态、解决故障的经验等多个条件搜索，该查询通过 X 所属覆盖子网的超级成员转发至主机冷却系统专家的覆盖层。发出该查询的 X 最后接收到 1 个满足复杂查询条件的专家 Y 的响应消息，假设也接收到 LC 的分析结果。Y 在检测 LC 分析结果的时候，如果还需要故障船舶的历史维修记录，同样可以向维修机构所属覆盖子网发出查询指令，在这个过程中，Y 与 X 二者之间可以建立一个视频会议，讨论维修方案的同时，X 也可以邀请 LC 进入视频会议，请求其提供数据分析的详细结果以及其他信息。维修方案可能包括提供一个新的海水滤器配件，这就需要通过系统执行复杂查询，搜索条件包括备件价格、船舶当前航线、备件品牌等，维修对等网在备件商覆盖层搜索合适的配件提供商。

系统包括两个主要节点，管理节点和维修对等网客户端，通过维修对等网客户端，维修实体（机构或个人）进入系统，并根据自己所处的地点、作用以及专长成为对应覆盖层的成员。客户端负责建立并维护与维修对等网各覆盖子网成员的连接，执行覆盖层之间的路由、保存和检索对象。管理节点是维修对等网的入口，它维护成员之间的逻辑连接。

进一步说明管理节点的实现，管理节点软件结构如图 11-10 所示。为了与维修对等网客户端进行消息传输，管理节点可以基于 JSON RPC 库实现 JSON 消息接口，JSON 消息接口分别建立一个 TCP 服务以接收消息和一个 TCP 客户端以发送消息。一旦收到“加入请求”消息，JSON 消息接口通知“加入请求处理模块”，该模块首先调用身份验证模块检查欲加入维修对等网的成员安全证书，如果通过论证，就可以授权该用户成为某特征覆盖子网正式成员，并允许其访问相关资源，当授权成功后，“加入请求处理模块”调用“指向表计算模块”产生新的路由表和邻节点表，同时“指向表计算模块”也提供超级节点列表的一部分，其中包含 1 个主要超级节点以及部分二级超级节点。生成的结果返回给“加入请求处理模块”，他再转发至 JSON 消息接口的 TCP 客户端，由其把新的指向表转发给本子网的超级节点。

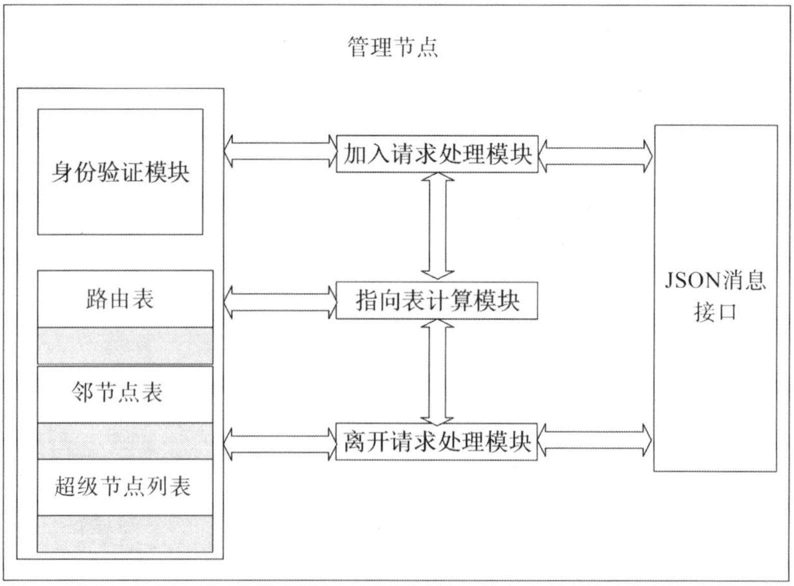

图 11-10　管理节点软件结构

如果某成员要离开系统，则执行相反的流程。JSON 消息接口的 TCP 服务收到该消息后，与“离开请求处理模块”交互，他再调用“指向表计算模块”，新的路由表和邻节点表重新计算，结果同样返回到“离开请求处理模块”，再到 JSON 消息接口的 TCP 客户端，它负责把更新后的路由表和邻节点表发送至对应的成员，并通知超级成员其下属成员已经离开。

进一步描述客户端的实现，维修对等网客户端的关键模块如图 11-11 所示。

（1）JSON 消息接口负责本成员与其他成员、超级成员或管理节点之间交互信息，如管理节点一样，它也包含一个 TCP 客户和一个 TCP 服务组成，分别用于发送和接收消息。

（2）覆盖层操作模块的功能包括：

①当它需要连接至覆盖子网时，完成加入流程；

②当其他成员修改了自己分布哈希表中指向的数据项时，处理更新请求；

③发出简单搜索与复杂检索指令；

④从其他成员接收检索指令。

（3）数据操作模块的功能包括：

①当有自己或其他成员发出检索指令时，在本成员维护的分布哈希表里查找是否有符合条件的数据项；

②当自己保持的分布哈希表数据被修改时，执行数据更新流程；

③存储接收到的更新数据；

④当某节点加入或离开时，把该成员存储的文件传送至其他成员。

（4）FTP 服务器/客户端，实现不同成员之间的文件传输。

（5）文件格式转换工具：能读写不同规范的船舶数据。

（6）及时消息和视频会议软件。

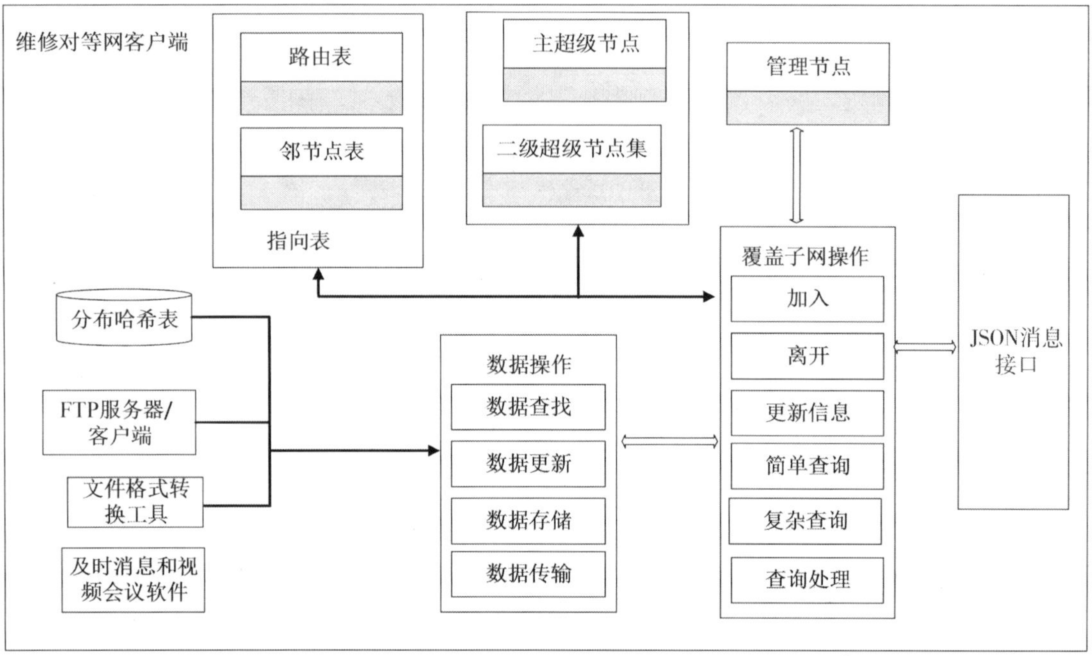

图 11-11　维修对等网客户端软件结构

11.3　远程维修对等网中专家研讨系统总体设计

远程维修对等网专家研讨系统中包括了多种领域、多种方案、多用户协同，多次研讨，对这一复杂系统的有效管理是系统应用成功的关键，因此系统的总体架构设计尤为重要。

建立一种通用性较好、开放式的智能化信息管理和服务框架体系及软件架构，在多个层面实现对复杂任务计算的全方位支持。基于系统的开放性、计算的时效性、可逐步完善性、高可靠性、高安全性及多领域集成的层次化要求，设计支持分布式、多任务并行计算的软件系统架构，满足多任务分布式计算及显示、人机交互、数据管理的多用户、多界面操作的需要，支持多种需求、多种应用的综合利用。

远程维修对等网专家研讨系统部署五类专家台位，支持领域保障专家、设备专家、模型专家、系统专家、技术专家等不少于 10 个专家参与维系保障方案群体研讨，支持设备维修方案、保障规划方案、技术状态评估方案 3 类不少于 5 种方案的自动生成，提供一个研讨大屏供专家可视化共识聚焦，研讨大屏配备中控系统，后台设有两台服务器和四台工作站支撑系统算法库、工具库、模型库和知识库运行的存储计算。

（1）维修保障方案研讨任务管理。通过对研讨任务建模，对研讨任务进行全要素表征，并基于任务模型形成任务的增删改查管理软件。

（2）方案模板设计模块。解析研讨方案，对研讨方案进行模板化，将模板进行格式化并管理。

（3）专家组织。形成专家数据库，运用自然语言处理技术将专家信息进行分析，形成专家模型，实现对某任务的专家一键推荐功能。

（4）群体研讨。综合集成研讨厅是一个助力群体智慧涌现的环境，信息交流是基础，基于 WebRtc 技术，设计交互通信系统，支撑专家在线研讨。同时运用层次分析法和模糊评判方法提供群体形成共识的综合评估方法。

（5）决策支持。决策支持是一个辅助决策集成环境，能够集成已有的决策支持工具，同时它包括设备库、故障案例库、保障人员库的维修保障的基础支持，实现找人、找知识的快速决策辅助。

（6）成果管理与纪要。将研讨成果存储在成果管理系统，并对成果管理系统进行初步分析，运用协同编辑技术实现纪要生成。

（7）环境计算资源管理。将研讨厅环境中的计算机资源与会议室资源运用信息技术管理起来。

基于多耦合分层思想，系统需要集成支持多台位多级别专家使用的研讨交互框架、系统运行的基础数据和知识体系以及围绕设备保障方案生成问题决策展开的决策支持工具和决策系统，构建综合集成研讨系统的集成技术架构。

针对以上整体的系统架构，梳理出综合集成研讨系统从底层数据、核心技术、应用支持以及应用层的软件功能架构图，如图 11-12 所示。

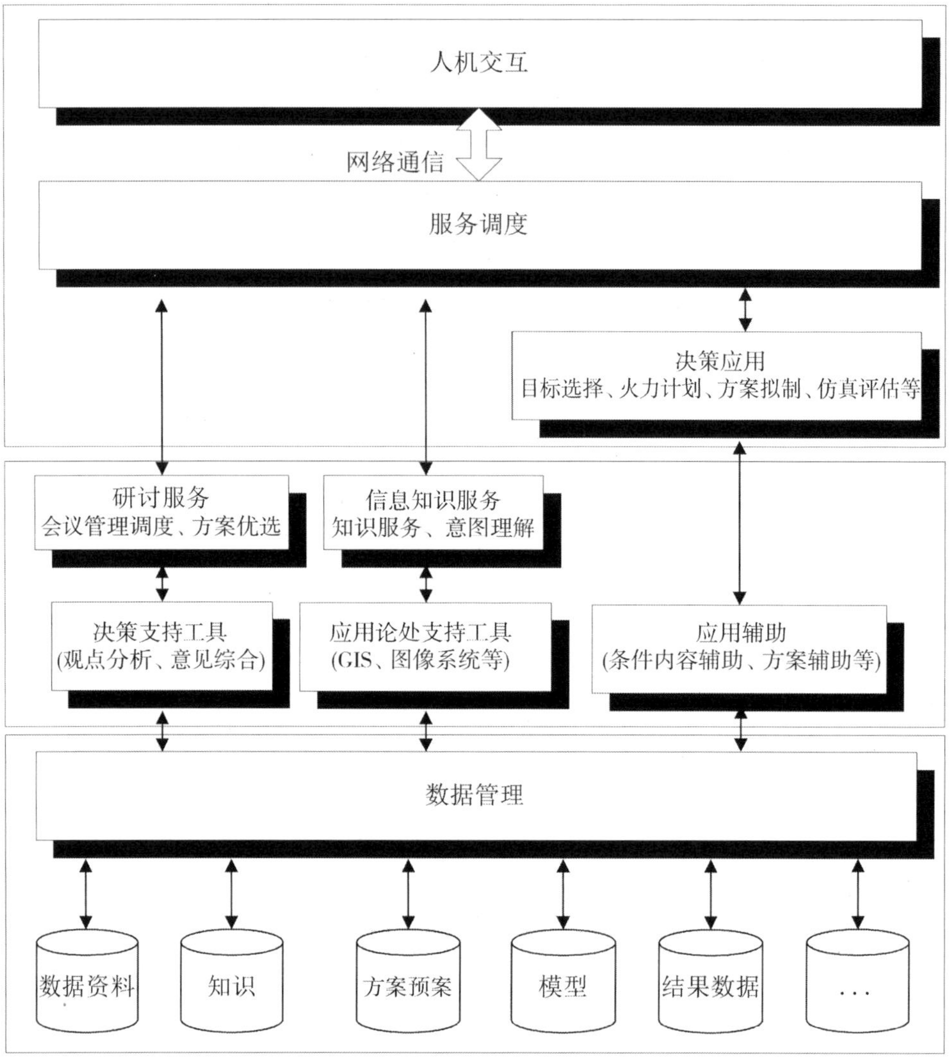

图 11-12　综合集成研讨系统软件功能架构图

设备维修方案、保障规划方案和技术状态评估方案研讨任务管理主要是针对方案生成任务的各要素进行管理。任务要素包括问题的分解、模板的选择以及任务名称、时间、参与人、场地、计算机等。其实质是研讨前有关研讨专家和场所等信息的组织和管理，在维护好研讨机器、场所、专家信息后，根据研讨需要可以组建研讨群组，研讨群组管理模块的执行方案如图 11-13 所示。

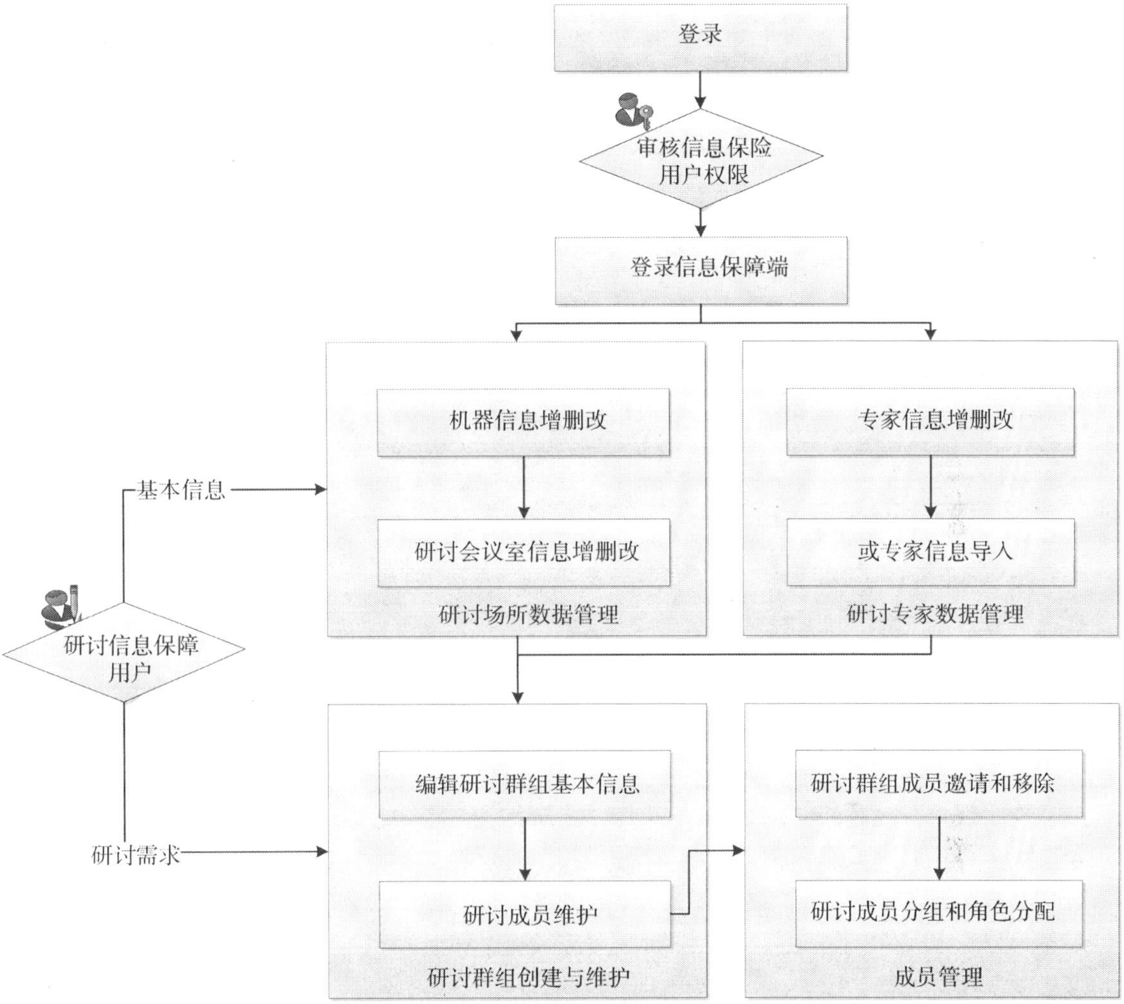

图 11-13　研讨任务管理模块执行方案

用户登录系统进入系统信息保障端后，维护研讨场所和专家数据，并可根据研讨需求构建研讨群组和信息维护，并对研讨中成员进行管理，步骤为：

（1）研讨场所机器信息维护，研讨会议室信息维护；可同步进行研讨专家信息编辑或导入。

（2）根据研讨需求创建研讨群组，编辑研讨主题等基本信息；根据研讨邀请，邀请或移除成员，并把成员进行分组和角色分配。

研讨任务管理模块信息交互关系如图 11-14 所示。

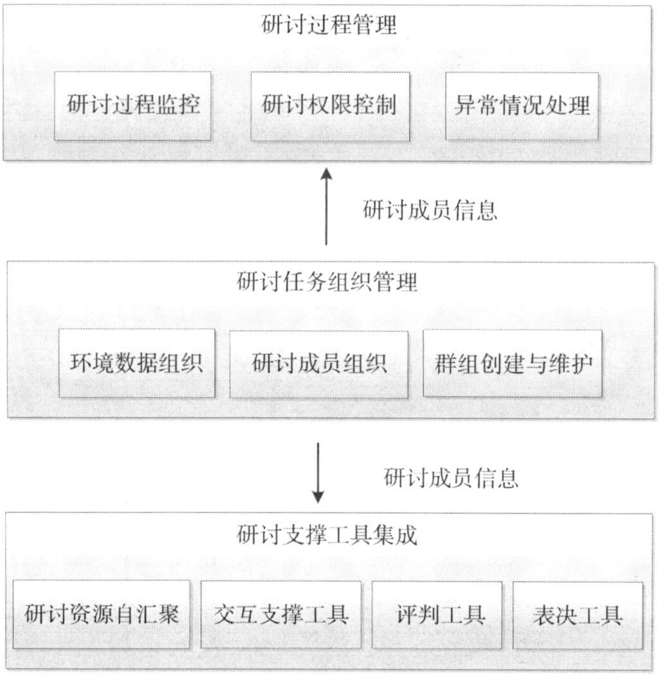

图 11-14　研讨任务管理模块信息交互关系

模板设计是远程维修对等网专家研讨系统的重要模块，设计的界面是思维导图的编辑。思维导图是表达发散性思维的有效图形思维工具，通过图文并用，把各级主题的关系用相互隶属与相关的层级图表现出来，把主题关键词与图像、颜色等建立记忆链接。利用记忆、阅读、思维的规律，协助人们在科学与艺术、逻辑与想象之间平衡发展，从而开启人类大脑的无限潜能，其是一种将思维形象化的方法。

远程维修对等网专家研讨系统的模板设计在思维导图的基础上，结合业务、智能化技术对思维导图进行领域化改造。思维导图是表达专家思维的有效图形思维工具，它通过图文并用，把各级主题的关系用相互隶属与相关的层级图表现出来，把主题关键词与图像、颜色等建立记忆链接。利用记忆、阅读、思维的规律，协助人们在科学与艺术、逻辑与想象之间平衡发展，从而开启人类大脑的无限潜能，其是一种将思维形象化的方法。思维导图是最直接的思维图，思维导图是一种发散的图，从中心出发发散出来知识结构，把注意的焦点清晰地集中在中央图形上，主题的主干作为分支使用线条、符号、词汇和图像从中央向四周放射，但整体是一种收敛的聚焦图，将专家思维使用思维导图的形式表现，实现可视化的专家思维激发，这种中央向四周发射的形式也正好契合专家问题求解的主题收敛和方法发散方式。因此课题研究协作式思维导图模型，构建思维表达可视化工具，对群体思维过程进行导向和记录，实现专家思维知识构建、专家思维的发散，支持思维的表达和引导。

其中模板设计过程中的重要步骤是对问题进行拆解。问题分解是根据问题所述的业务、问题涉及的数据和流程等对问题进行切分，首先把其切分成若干个独立的模块，实现最基本的问题要素覆盖，这样问题的基本结构趋于简单化，方便管理，专家可以分组完成任务，实现对问题的初步复杂度降解，实现快速问题求解。综合集成研讨厅中的问题分解之所以与一般的任务分解不同，在于其处理的问题有结构不良、动态流状等不稳定特性，它给问题切分这一确定目标带来很多不确定性，需要研究提出特定的方法，如图 11-15 所示。

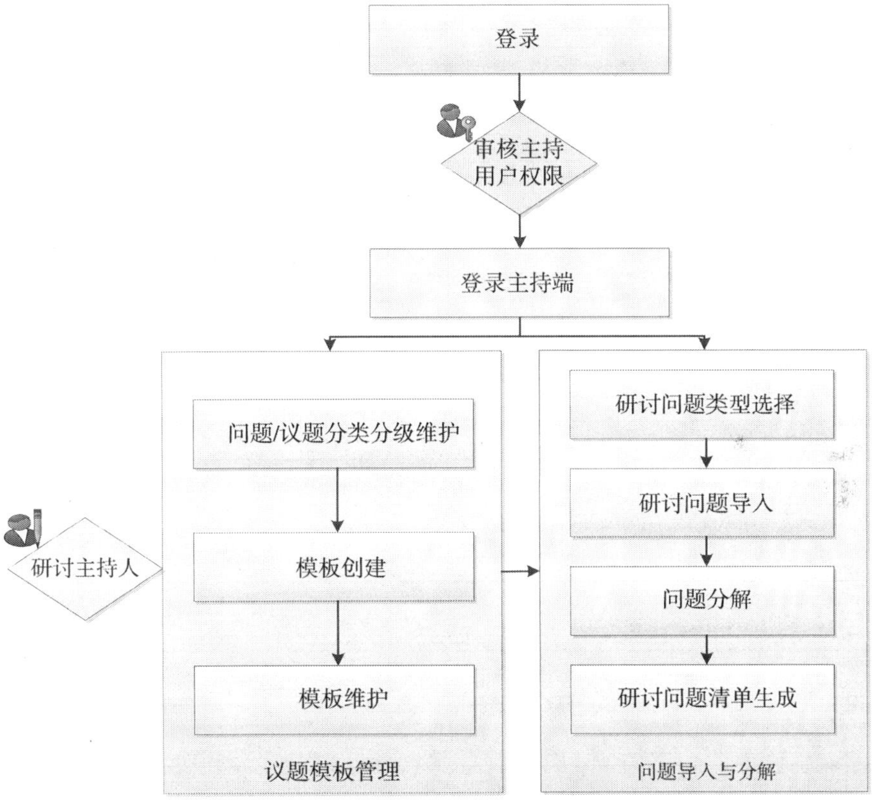

图 11-15　模板设计模块执行方案

专家组织基于其他系统形成的专家库，通过对专家任务建模，形成针对某任务的专家推荐，包括专家信息管理与专家推荐功能，如图 11-16 所示。

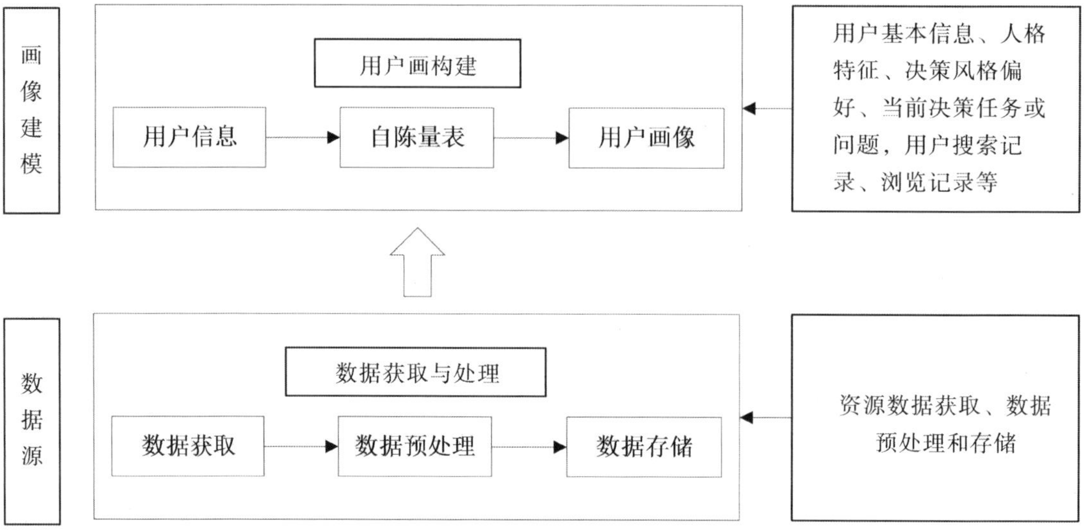

图 11-16　专家群体组织架构图

参考文献

[1] AIELLO G, GIALLANZA A, MASCARELLA G. Towards Shipping 4.0. A preliminary gap analysis [J]. Procedia Manufacturing, 2020, 42: 24-29.

[2] ALOP A. The main challenges and barriers to the successful "smart shipping" [J]. TransNav: International Journal on Marine Navigation and Safety of Sea Transportation, 2019, 13 (3): 10-22.

[3] ASLAM S, MICHAELIDES M P, HERODOTOU H. Internet of ships: A survey on architectures, emerging applications, and challenges [J]. IEEE Internet of Things journal, 2020, 7 (10): 14-27.

[4] BEKIR S, ANIS Y, DUMITRU R, et al. Ontology-Based fault tree analysis algorithms in a fuzzy environment for autonomous ships [J]. IEEE ACCESS, 2021, 9 (10): 56-76.

[5] KAMOLOV A, PARK S. An iot-based ship berthing method using a set of ultrasonic sensors [J]. Sensors, 2019, 19 (23): 51-81.

[6] MUNIM Z H, DUSHENKO M, JIMENEZ V J, et al. Big data and artificial intelligence in the maritime industry: a bibliometric review and future research directions [J]. Maritime Policy & Management, 2020, 47 (5): 57-97.

[7] SAHIN B, YAZIDI A, ROMAN D, et al. Ontology-based fault tree analysis algorithms in a fuzzy environment for autonomous ships [J]. IEEE Access, 2021, 9 (10): 15-32.

[8] ZENG B, WANG R, YANG C. Broadcasting capability analysis of Wsns in ship information collection system [C]. Paris: the ITM Web of Conferences, EDP Sciences, 2022.

[9] ZENG B, WANG R, YANG C-H. Design of integrated gateway system for marine communication [C]. Shanghai: the 2021 IEEE International Conference on Progress in Informatics and Computing (PIC), 2021.

[10] ZENG B, YANG C, WANG R. Intelligent fault diagnosis of ship electromechanical equipment based on improved outlier detection algorithms [C]. Hangzhou: the 2022 8th Annual International Conference on Network and Information Systems for Computers

(ICNISC), 2022.

[11] ZENG B, YAO L, WANG R. Design of an ontology model based ship condition monitoring middleware [C]. Chongqing: the 2019 International Conference on Intelligent Computing, Automation and Systems (ICICAS), 2019.

[12] ZENG B, YAO L, ZHANG J. Design of ship information transmission for remote fault diagnosis [C] //Proceedings of the Journal of Physics: Conference Series, Bristol: IOP Publishing, 2019.

[13] ZHUO J, WU M, SUN Q. Research on health management technology of ship cabin equipment [C] //Proceedings of the Journal of Physics: Conference Series, Bristol: IOP Publishing, 2021.

[14] 白丽荣. 智能船舶关键技术未来趋势 [J]. 中国船检, 2022 (4): 69-77.

[15] 蔡宝玉, 李庆刚. 无线网络的舰船柴油机故障远程诊断 [J]. 舰船科学技术, 2021, 43 (14): 97-99.

[16] 蔡玉良, 柯佳成, 张旋武, 等. 智能船舶研究现状概述 [J]. 中国船检, 2022 (12): 56-59.

[17] 岑曦. 基于云平台的远程诊断与在线监测系统架构研究 [J]. 信息记录材料, 2021, 22 (9): 212-213.

[18] 陈琳, 杨龙霞. 世界主要造船国家智能船舶发展现状 [J]. 船舶标准化工程师, 2019, 52 (4): 10-14.

[19] 初建树, 曹凯, 刘玉涛. 智能船舶发展现状及问题研究 [J]. 中国水运, 2021 (2): 126-128.

[20] 丁峰, 何城炽, 沈利斌, 等. 基于工业云平台的船舶远程诊断与维护系统的研究与应用 [J]. 工业控制计算机, 2022, 35 (6): 139-141, 144.

[21] 封波. 智能船舶发展战略规划研究 [J]. 船舶工程, 2020, 42 (3): 1-8.

[22] 冯书桓, 岳宏. 智能船舶信息联通国际标准发展动向 [J]. 中国船检, 2022 (6): 50-55.

[23] 高泽宇, 张鹏, 张博深, 等. 智能船舶动力系统设备的自适应阈值方法 [J]. 中国舰船研究, 2021, 16 (1): 168-174.

[24] 郭艳. 无线通信舰船柴油机故障远程诊断系统 [J]. 舰船科学技术, 2020, 42 (20): 56-58.

[25] 柯佳成, 张旋武, 吴刚, 等. 智能船舶发展未来趋势 [J]. 中国船检, 2022 (12): 60-66.

[26] 李日霞. 国内智能船舶的发展与展望 [J]. 新型工业化, 2021, 11 (4): 33-

35，40.

［27］李文玉. 智能船舶关键技术分析［J］. 船舶物资与市场，2020（11）：21-22.

［28］梁志琼. 基于云计算的船舶电子信息交互系统［J］. 舰船科学技术，2019，41（9A）：145-147.

［29］刘昌勇. 智能船舶技术发展与趋势简述［J］. 中国水运，2021（7）：83-85.

［30］刘佳铭，李赫. 船舶智能化研究现状及发展趋势［J］. 机电设备，2021（4）：49-53.

［31］刘净羽. B/S 结构在舰船远程监控系统设计与仿真中的应用［J］. 舰船科学技术，2017（7X）：182-184.

［32］刘王攀，许志恒. 基于 NB-IoT 的智能船舶监控系统硬件设计［J］. 现代工业经济和信息化，2021，11（1）：36-37.

［33］刘智心，初秀民，郑茂，等. 智能船舶船岸协同实验关键技术研究［J］. 交通信息与安全，2020，38（2）：63-70.

［34］路通，黄志勇，王家支，等. 智能船舶机泵舱设备健康状态评估方法分析［J］. 中国修船，2020，33（2）：20-22.

［35］罗小芳，张晨阳，白旭. 基于知识图谱的智能船舶技术研究现状及发展趋势分析［J］. 江苏科技大学学报（社会科学版），2021，21（4）：81-89.

［36］农嘉，王代远，潘梅勇，等. 云计算环境下船舶监控网络异常数据检测方法［J］. 舰船科学技术，2021，43（8）：190-192.

［37］潘义红，杜源. 基于船舶局域网的 Web 服务功能开发及应用［J］. 航海技术，2022（4）：37-41.

［38］庞宇，赵凡琪，吴骏. 智能船舶集成平台的研究与设计［J］. 船舶，2019，30（5）：105-115.

［39］乔杰华，刘亚卓，翟晓宁. 分布式内容聚合平台的设计与实现［J］. 科技视界，2017（22）：135，137.

［40］任杰. 基于云计算技术的多人船舶通信平台设计［J］. 舰船科学技术，2021，43（24）：109-111.

［41］邵灿霞，叶小列，丁宇征，等. 智能船舶网络安全框架研究［J］. 船舶标准化与质量，2021（1）：33-37.

［42］司晓娟. 基于装备服务平台的远程诊断系统设计［J］. 自动化应用，2022（7）：51-54.

［43］王楚，陈柏全，司志强. 韩国聚焦绿色智能船舶强化全球技术竞争力［J］. 中国船检，2023（2）：48-55.

［44］王鸿东，于淳. 智能船舶远程控制技术发展与应对策略［J］. 中国船检，2020（11）：59-61.

[45] 王君琪，张德伟，池亚辉，等．以信息通信技术为支撑的船舶远程检查实践与解决方案［J］．中国海事，2021（12）：56-58.
[46] 王丽，侯素红．基于云计算的船舶大规模数据融合技术［J］．舰船科学技术，2020，42（10）：151-153.
[47] 王思佳．韩国智能船舶发展路径［J］．中国船检，2021（3）：14-17.
[48] 王思佳．日本船舶智能化策略［J］．中国船检，2021（3）：18-22.
[49] 王渊．云计算环境下船舶移动网络大数据的有效存储方法［J］．舰船科学技术，2020，42（22）：154-156.
[50] 王志英，葛世伦．基于 OWL 的船舶制造业本体模型研究［J］．造船技术，2008（5）：42-46.
[51] 魏剑，何新，李林泽．基于跨国企业专利信息的智能船舶发展热点及趋势研究［J］．中国发明与专利，2021，18（7）：21-28.
[52] 魏梅，潘放，张大蕾．日韩欧智能船舶的研究现状及对我国的启示［J］．船舶，2022，33（2）：13-21.
[53] 徐春．推动智能船舶发展构建安全水上交通环境［J］．中国海事，2023（1）：6-8.
[54] 徐琳，宋国明，党锐．无线网络舰船远程数据采集系统［J］．舰船科学技术，2020，42（22）：166-168.
[55] 杨帆，姚玉南，郑洪江，等．基于 SPN 的智能船舶监测云平台可靠性评估［J］．中国修船，2021，34（4）：44-48.
[56] 杨芳，杨涛．基于云计算技术的船舶信息化控制系统［J］．舰船科学技术，2021，43（22）：136-138.
[57] 姚金玲，阎红．基于 VXLAN 的云计算下船舶数据中心建设的探究［J］．网络安全技术与应用，2020（7）：77-79.
[58] 殷非，杨勇，王体涛．智能船舶［J］．船舶工程，2021，43（8）：17.2.
[59] 余国虎．智能船舶机舱监测报警系统研究［J］．大众标准化，2021（5）：23-25.
[60] 张瑞，周帅康，汤敏．视情维修制度在智能船舶领域的应用分析［J］．中国修船，2022，35（4）：25-28.
[61] 张娅，李庆．分布式海上舰船远程监控系统算法研究［J］．舰船科学技术，2015，37（7）：164-167.
[62] 郑士君，黄爱平，岳跃申．网络化舰船远程监测及维修管理决策系统研制［J］．机电设备，2009，26（5）：59-61.
[63] 周毅，何金平，华先亮，等．智能船舶船岸一体视频远程管理系统设计应用［J］．船海工程，2021，50（3）：113-116.

[64] 朱彩霞，徐江海 . 基于云计算的舰船远程监测系统故障诊断方法［J］. 舰船科学技术，2020，42（22）：175-177.
[65] 朱锦廷 . 船舶智能集成平台的设计［J］. 航海，2022（6）：67-70.
[66] 邹静 . 云计算环境下的船舶网络资源调度系统［J］. 舰船科学技术，2019，41（6）：154-156.
[67] 杨城，何强 . 智能船舶的应用与展望［J］. 科技与创新，2023（2）：75-77.